Bernard CHEVALIER

Dominique DORÉ

Éric SUTTER

GUIDE POUR LA GESTION
D'UN CENTRE D'INFORMATION

LA MAITRISE DES CHIFFRES CLES

D1494566

ADBS

Le groupe de travail « Economie de l'information », créé en 1986 à l'initiative du groupe régional Ile-de-France en liaison avec la commission nationale « Techniques et méthodes documentaires » de l'Association française des documentalistes et des bibliothécaires spécialisés (ADBS), s'est fixé pour objectif d'étudier les aspects économiques touchant la profession documentaire tant au niveau macro-économique (importance de la profession) que micro-économique (gestion des unités de travail). C'est dans ce cadre que trois de ses membres, Bernard Chevalier, Dominique Doré et Eric Sutter, ont entrepris la rédaction de cet ouvrage.

Coordination de la rédaction et secrétariat : Eric Sutter.

Les auteurs remercient Françoise Blamoutier, Vicenta Bosque, Estelle Dora, Olga Joubert, Jean Michel, Madame Poech, Jean-Michel Rauzier, Elisabeth Vallée, Marie-Christine Vasseur et Suzanne Waller, qui ont fait part aux auteurs de leurs précieux conseils, et tout particulièrement Monique Tosolini-Spoerry dont la pertinence des remarques et les propositions judicieuses ont permis d'enrichir le fond et la forme de certains chapitres.

SOMMAIRE

Introduction _____ 5

Prélude _____ 13

Exercice préliminaire _____ 15

Première partie
Les éléments à recueillir _____ 17

Chapitre 1
Dépenses _____ 21

Chapitre 2
Recettes _____ 37

Chapitre 3
Etablir et suivre un budget _____ 43

Deuxième partie
L'exploitation des chiffres _____ 61

Chapitre 4
Calculer le prix de revient _____ 65

Chapitre 5
Comparer et choisir _____ 87

Chapitre 6
Tarification _____ 95

Chapitre 7
Le tableau de bord _____ 103

Chapitre 8
Savoir communiquer et rendre compte _____ 115

Chapitre 9
Gérer la gestion _____ 123

Chapitre 10
Du « pifomètre » au management _____ 129

Annexe 1
Outils comptables _____ 137

Annexe 2
Eléments de vocabulaire documentalo-financier _____ 143

Annexe 3
Des idées et des coûts _____ 153

Annexe 4
Exercices _____ 161

Annexe 5
Corrigé des exercices _____ 165

Orientation bibliographique _____ 171

Index alphabétique _____ 173

INTRODUCTION

« Tu ne voleras pas... »

Connaître son marché, acquérir des matières premières, les transformer pour en faire des produits ou des prestations... autant d'activités d'un centre d'information et de documentation. Celui-ci assume les mêmes fonctions qu'une entreprise. C'est une micro-entreprise au sein d'une plus grande entité. Il est demandé de plus en plus au responsable de cette unité de travail d'être avant tout un *manager* de l'information.

Savoir préparer un budget, maîtriser les coûts, établir le prix de revient d'un produit documentaire... tous ces aspects financiers et économiques sont essentiels pour défendre une unité de travail auprès d'une direction. L'estimation des coûts est nécessaire pour faire des choix entre plusieurs prestations possibles, pour lancer de nouveaux produits d'information, pour gérer rationnellement un service ou le développer.

L'enquête nationale sur les budgets des centres d'information et de documentation lancée en 1987 par le groupe Economie de l'information de l'ADBS a mis en évidence les difficultés rencontrées par de nombreux responsables d'unités documentaires dans la fourniture de chiffres précis concernant les postes de dépenses et de recettes. Cette même constatation est faite souvent par les consultants lors des missions de diagnostic qu'ils effectuent dans les organismes, que ceux-ci soient publics ou privés, ou par les enseignants lorsqu'ils abordent le sujet avec leurs étudiants.

C'est pourquoi l'ADBS a jugé utile de publier un guide pratique à l'intention des professionnels de l'information en vue de les aider à mieux maîtriser ces aspects.

Un guide pour les professionnels de l'information

Le présent ouvrage n'est pas un manuel de comptabilité. C'est un guide permettant à tout professionnel de l'information d'établir ou de calculer facilement les « chiffres clés » se rapportant à son activité et aux futurs professionnels d'acquérir les méthodes de base pour appréhender la dimension économique du métier.

Les maths vous font peur ? Vous êtes fâchés avec les chiffres ? Rassurez-vous. Nous insistons dès maintenant sur le fait que la connaissance des coûts et des autres données quantitatives ou leur estimation n'est pas une démarche nécessairement complexe, réservée à des initiés ou aux grands centres. Dans chaque cas, nous vous proposons une méthode simple pour – au minimum – disposer d'un ordre de grandeur.

Ce guide s'adresse donc principalement :

– aux documentalistes qui prennent des responsabilités et, en particulier, doivent parler « chiffres » avec leur hiérarchie ou leurs interlocuteurs ;

– aux divers professionnels de l'information qui développent de nouveaux produits d'information ou qui souhaitent tout simplement mieux « gérer » leur activité ;

– aux étudiants documentalistes qui trouveront, avec cet ouvrage, une méthodologie et des exemples pour mieux affronter leur future vie professionnelle ;
– à nos collègues enseignants en documentation qui trouveront, nous l'espérons, un support de cours en langue française ;
– aux entreprises qui n'ont pas encore de centre de documentation et qui souhaitent disposer de points de repère pour évaluer les incidences financières d'une telle fonction.

Un outil opérationnel

Ce guide pratique a été rédigé par des gens de terrain. Au discours théorique, nous avons préféré la description des méthodes concrètes d'intervention et la mise en évidence des informations et des techniques à utiliser. Les chapitres successifs exposent un certain nombre de « recettes », illustrées le cas échéant d'exercices ou d'exemples qui aident à comprendre règles et démarches exposées.

Il est toujours difficile de faire une démarche nouvelle. Ce manuel a pour ambition d'aider le lecteur à franchir les obstacles éventuels en fonction des outils disponibles.

L'ouvrage est divisé en deux parties : la première est consacrée à la description des différents postes (dépenses, recettes) et du budget. La deuxième partie présente des situations qui impliquent ou nécessitent l'exploitation des données décrites ou identifiées auparavant. Des annexes apportent des informations complémentaires, notamment sur les techniques comptables.

Une démarche pragmatique

En matière de chiffres, il n'existe pas de Vérité (notez bien la majuscule), mais des approximations. Selon votre degré de connaissance et les données dont vous disposez, vous allez travailler
– « au bulldozer » : évaluation très approximative,
– « à la louche » : évaluation basée en partie sur des chiffres réels ou calculés,
– « à la cuillère » : évaluation précise prenant en compte les faits enregistrés.

Pour vous aider dans la lecture, nous utilisons les signes suivants :
● pour le bulldozer
■ pour la louche
▼ pour la cuillère

Attention, ces expressions ne sont utilisées qu'à titre pédagogique. Chaque organisme a son jargon; adaptez nos choix à votre propre vocabulaire. Nous avons choisi ces mots pour frapper vos imaginations. Lors de la première lecture, portez votre effort de compréhension sur le « bulldozer » et lisez en diagonale la « louche » et la « cuillère ». La première fois que vous allez vous livrer à des calculs, vous allez travailler approximativement « au bulldozer » car beaucoup d'éléments sont imprécis. Puis au fur et à mesure que vous appréhendez mieux les chiffres, revenez dans cet ouvrage pour travailler « plus fin ». Si vous n'êtes pas des débutants, faites l'opération inverse : lisez rapidement les textes « au bulldozer » et décortiquez les explications pour la « louche » et si vous êtes comme un danseur qui fait des pointes tous les jours (d'où le dessin du triangle sur la pointe), les textes « à la cuillère » vous concernent.

Il se peut qu'au début tous vos indicateurs chiffrés soient fortement à base de « pifomètre», d'impressions, voire de « on dit », puis au fur et à mesure, vous allez sophistiquer vos méthodes et vous approcher de la réalité.

En aucun cas nous ne voulons vous transformer en « stakhanovistes » des comptes et statistiques. Vous devez savoir prendre des décisions avec le plus petit nombre de paramètres, c'est la raison pour laquelle nous parlons de « chiffres clés ». Comme dans une voiture, vous pilotez grâce à un tableau de bord qui ne comporte que quelques indicateurs.

Faisons une comparaison avec les entreprises : quand deux patrons se rencontrent, ils se « jaugent » en nombre d'employés, en chiffre d'affaires annuel, en marge... Les palmarès des entreprises publiés dans les revues économiques font parfois appel à quelques critères plus élaborés comme le taux de croissance, le *Price earning ratio*... Nous espérons que deux documentalistes se rencontrant après avoir lu cet ouvrage auront aussi des éléments pour se comparer.

La volonté des auteurs est aussi de vous montrer que trouver des chiffres est toujours possible. Même la personne la plus démunie, par exemple celle qui crée un centre, peut se raccrocher aux chiffres de ses collègues. Bien entendu ces évaluations vont être approximatives, mais c'est une base qui permet de débuter les comparaisons.

Nous allons prendre beaucoup d'exemples dans ce livre ; voici le premier,

● Au « bulldozer » :

Une entreprise doit-elle engager un documentaliste pour suivre les articles de presse qui mentionnent le nom de l'organisme ou de ses principaux dirigeants ? Le raisonnement est de type mathématique (si, si, si... alors).

Hypothèses :
De mémoire, je ne connais pas le dernier prix d'un abonnement à *L'Argus de la presse*, mais en gros (chiffre évalué « au bulldozer ») cela représente quelques milliers de francs. Un documentaliste « tout nu », sans bureau, sans matériel... coûte (chiffre évalué « au bulldozer ») quelques centaines de milliers de francs par an.

Conclusion :
Comparaison brutale pour un chef : Si je compare 1 500 F (plus ou moins 100 %) sans frais avec 150 000 F (plus ou moins 50 %) auxquels il faut ajouter au moins autant de frais... Alors je déduis que *L'Argus* c'est moins cher... si l'on raisonne au « bulldozer » en n'utilisant qu'une partie des hypothèses.

Mais vous allez dire, un documentaliste peut faire plus...
Alors que proposez-vous pour justifier le solde 150 000 - 1 500 = 148 500 F ?
Suivez ce guide, nous allons vous y aider.

Nous vivons dans un monde où le facteur économique est important.

Maîtrisez les aspects économiques et financiers de votre métier et vous serez reconnus.

Pourquoi connaître les chiffres clés ?

La connaissance des coûts est un préalable au développement et à l'amélioration des produits et services d'information.

Toutes les études menées (par les « pro » de l'information ou par les conseils) pour réorganiser et améliorer une activité documentaire ou développer de nouvelles prestations nécessitent impérativement de « mettre à plat » :
— les aspects techniques : enchaînement des opérations élémentaires, organisation des tâches, procédés de fabrication, équipements mis en œuvre...
— les aspects humains : compétence et qualification du personnel, relations entre les individus...
— les aspects stratégiques : enjeux pour l'organisme, cohérence avec les autres activités ou le « projet » de l'organisme...
— les aspects économiques : prix de revient global de l'activité, coût de chaque chaîne de travail, poids relatif des diverses composantes...

✍ *Pas de connaissance des coûts = pas de vision claire de la situation et pas de prise de décision possible.*

Les employeurs attendent, de plus en plus, des documentalistes bons techniciens mais aussi bons « gestionnaires » (*managers*, disent les anglo-saxons).

Selon Jean Lochard (*Initiation à la gestion,* Ed. d'organisation), « la gestion est un système d'informations et de décisions concernant :

— les hommes (gestion sociale) ;
— les moyens (gestion des projets) ;
— les finances (gestion financière et budgétaire) ;
— les opérations (gestion de la production) ;
— les produits (gestion des approvisionnements et gestion commerciale). »

La gestion ne se limite pas aux constats, elle a aussi pour but essentiel de maîtriser les prévisions et de contrôler les écarts entre les prévisions et les réalisations.

La gestion n'est pas l'œuvre d'une personne seule et isolée. Si le documentaliste est « seul maître à bord » de son unité de travail pour ses activités, il est nécessairement en relation avec d'autres unités de travail de l'organisme ou de l'entreprise :

— **la hiérarchie** (Direction, Conseil d'administration...) : elle donne les grandes orientations stratégiques, les priorités de développement; c'est elle qui prend les décisions finales, notamment en matière économique, après avoir pris connaissance des propositions, des arguments et autres informations utiles fournies par les services, y compris par le service information-documentation. Encore faut-il savoir présenter un bon dossier. N'oubliez pas que c'est elle qui légitime l'existence du service ;
— **le département Marketing** qui apporte compétences et outils pour l'analyse des besoins de la clientèle ou pour la mise au point des actions de promotion ; cette aide se traduira par des coûts (temps passé, sous-traitance externe...) qu'il convient de prendre en compte dans les postes de dépenses du service documentation ;

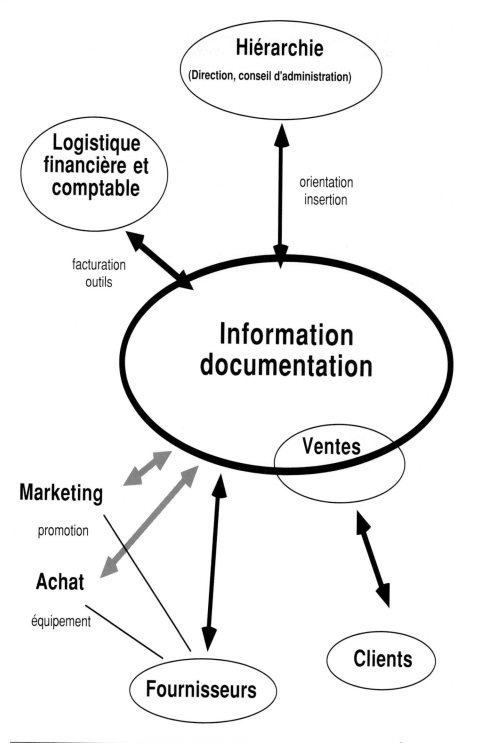

– le département Achat/Approvisionnement/Matériel, en charge généralement des relations avec les fournisseurs (« consommables » ou gros équipements) ; là aussi, comme nous le verrons plus loin, des informations contribuent à alimenter l'un des postes de dépenses ;

– les services comptables et financiers qui assurent la logistique financière et comptable aux autres services. Ils déchargent en partie le service de documentation de tâches faisant appel à d'autres métiers.

✍ *Tout cela se fait « en relation » : aucun service ne peut travailler sans l'autre.*

Prenons le cas de la commande d'un ouvrage (cf. figure ci-avant). Un demandeur s'adresse au service de documentation pour disposer d'un ouvrage. Celui-ci n'étant pas en stock à la bibliothèque, il est commandé auprès d'un éditeur. A réception, après catalogage, le service de documentation le remet au demandeur initial : c'est le circuit « technique ». Du côté financier, il se passe diverses étapes : suite à la demande initiale, le service de documentation envoie un bon de commande à l'éditeur qui envoie en retour une facture, laquelle est vérifiée puis transmise auprès du service comptable qui, d'une part, déclenche le paiement par l'intermédiaire de la banque et, d'autre part, enregistre l'opération dans les comptes de façon à diminuer l'argent disponible et à augmenter les dépenses afférentes à l'acquisition de documents.

Nous reviendrons en détail sur ces flux entre le service de documentation et les autres services de l'organisme. Nous tenions à indiquer dès maintenant leur existence et à justifier ainsi la nécessité d'acquérir des notions de base en matière de gestion financière afin de mieux « comprendre » les autres services, voire de mieux « se défendre » le cas échéant, en tout cas d'être « partenaire » à part entière.

✍ *Le responsable du service de documentation*
doit être « multilingue »
et savoir parler...

« commercial » avec ses clients,

« technique » avec ses collaborateurs et les fournisseurs,

« économique » avec sa direction.

La documentation, ça coûte cher ?

Nous répondons...

Oui, cela peut coûter (trop) cher à votre patron si...
– vous êtes mal organisé et peu efficace ;
– vous ne vous faites pas connaître auprès des utilisateurs ou clients potentiels ;
– vos produits et prestations ne sont pas adaptés aux besoins réels de vos utilisateurs ;
– vous ne savez pas négocier les prix avec vos fournisseurs ou comparer le prix de revient de diverses solutions ;
– vous ne regardez que les coûts sans regarder ce que cela apporte à vos clients ;
– etc.

Non ! La documentation ne coûte pas cher si le service rendu à vos utilisateurs ou clients permet de...
– gagner du temps dans la recherche des informations qui leur sont utiles ;
– profiter des études faites par d'autres et leur éviter de réinventer la roue ;
– détecter à temps les menaces de l'environnement ;
– prendre une longueur d'avance sur les concurrents ;
– s'adapter aux contraintes d'un marché étranger ;
– éviter des litiges avec les fournisseurs ou les clients ;
– progresser dans leur domaine d'activité ;
– prendre des décisions judicieuses ;
– etc.

L'information coûte cher... la mal-information encore plus !

L'information, c'est comme les assurances, cela ne coûte cher qu'avant l'accident.

Et comme l'avenir appartient aux organismes bien informés, sachons investir à bon escient.

Les dessous des chiffres

Un chiffre seul n'a aucune valeur, il doit être accompagné d'un certain nombre de références :

• Une date de fraîcheur

L'inflation n'est plus ce qu'elle était... mais un chiffre de 1981 ne se manie pas comme un chiffre de 1990 (1 000 F de 1981 correspondent à peu près à 2 000 F de 1990).
Donnez toujours la date de référence des chiffres que vous proposez.
Regardez les devis, ils portent souvent : « prix valables jusqu'à la date du ... ».
Observez les catalogues : « prix garantis jusqu'au ... ».
Pensez aux œufs qui sont toujours référencés par leur date de ponte ou de mise en boîte.

• Une origine

Quelle est la fiabilité de votre chiffre ? Quelles sont les hypothèses qui vous ont permis d'arriver à ce chiffre... Devez-vous le prendre avec des pincettes ?

Pour vous aider à vous y retrouver, nous vous proposons de coder vos chiffres ; par exemple :
R pour le chiffre réellement constaté,
C pour un chiffre calculé,
E pour un chiffre estimé,
D pour un chiffre donné par quelqu'un d'autre,
P pour le « pifomètre »...

Pour nous, le P et le D correspondent à un raisonnement « au bulldozer»
E « à la louche »
R et C « à la cuillère ».

N'oubliez pas de garder les hypothèses qui vous ont permis d'arriver à un calcul... sinon quelques mois plus tard vous serez incapables de retrouver le pourquoi et le comment. Ceci permet aussi à une autre personne de se plonger plus vite dans votre démarche. Dans le cas des comparaisons, cela vous permettra de vérifier que vous n'avez pas mélangé les pommes et les poires.

NOTA : pour les montants, faites attention au « HT » (hors taxes) et au « TTC » (toutes taxes comprises), choisissez l'un ou l'autre - en général, les états comptables sont en HT - mais ne mélangez pas les deux (les chiffres peuvent varier d'un tiers dans le cas d'une TVA à 33 % !). En général les entreprises raisonnent en HT puisqu'elles peuvent déduire la TVA sur les achats et les investissements. Par contre beaucoup d'administrations ou d'associations travaillent encore en TTC.

• Une unité de mesure

Si vous estimez des coûts ou des recettes, ils seront donnés en francs (F) ou en milliers de francs (kF) ; mais si vous quantifiez des périodiques, précisez vos unités : en nombre de titres, en exemplaires, en fascicules ou en nombre de pages.

PRELUDE

Combien de fois avez-vous entendu ce petit dialogue dans un couloir...

« Dites, mon cher,... »
... votre proposition d'équipement,
d'embauche,
de réorganisation,
...

ça coûte combien ?
(toutes dépenses confondues)
et...
... ça rapporte combien...
en
chiffre d'affaires ?
efficacité logistique ?
productivité interne ?
image de marque ?
etc.

EXERCICE PRELIMINAIRE

☞ Un peu de jogging avant le départ...

Sur une feuille essayez d'énumérer toutes les raisons (importantes ou non) qui VOUS poussent à connaître les chiffres clés de votre centre...

Si vous n'avez pas réussi à trouver de « bonnes raisons », inspirez-vous de la liste ci-dessous.

Calculer les coûts.
Faire mieux et moins cher.
Rentabiliser le centre de documentation.
Absorber les accroissements de travail sans augmenter les coûts.
Commencer à « facturer les services rendus ».
Etablir un budget.
Créer un centre.
Valoriser le personnel.
Changer de politique.
Préparer un déménagement.
Justifier une embauche.
Simplifier des procédures.
Préparer l'avenir.
Lutter contre la fermeture du centre.
Suivre la mode (pour faire comme les autres).
Aider à parler avec les chefs.

Parce que...
Une part du budget est « sabrée ».
J'ai l'impression que l'on parle de plus en plus de coûts.
Je crée des produits nouveaux.
« Ils » n'augmentent pas le budget du centre de documentation.
C'est intéressant.
La direction le demande.

Pour...
Mieux « vendre les services ».
Gagner du temps.
Se comparer aux autres centres.
Pouvoir informatiser.
Se préparer à prendre la succession du chef.

Vous pouvez revenir à votre feuille et compléter VOS raisons.

Les éléments à recueillir

Il convient, avant toute chose,
– de bien identifier les diverses composantes à prendre en compte ;
– de savoir collecter des données élémentaires avant de pouvoir établir des ratios, des prix de revient...

Si nous faisons un parallèle avec la voiture, nous allons préciser dans cette partie que le centre de documentation « roule à l'essence », que le « prix de l'essence » est de ... et dans la deuxième partie nous travaillerons les données pour calculer la « consommation aux 100 km », pour comparer les « prix de revient au km ».

Dans les chapitres qui suivent, nous allons examiner successivement les dépenses, les recettes, l'établissement et le suivi du budget.

CHAPITRE PREMIER

Dépenses

☞ **Posons le problème :**

Reprenez votre feuille et, sans donner de valeur... pour l'instant... faites une liste pour votre centre de tous les coûts qui vous passent par la tête; classez-les par ordre d'importance décroissante.

....

Quelles sont les recettes de votre centre ?
Classez-les par ordre d'importance décroissante (sans donner de valeur... pour l'instant !).

....

Comme vous avez plus l'habitude de « pratiquer » les coûts que les recettes, nous vous proposons de traiter les problèmes dans cet ordre, mais nous expliquerons à la fin de ce chapitre qu'il vaut mieux évaluer les recettes ou les ressources avant d'engager les dépenses correspondantes, sinon gare à la faillite !

Nous allons maintenant examiner successivement les postes de dépenses rencontrés dans toute organisation : le personnel, les locaux, les équipements, les matières premières et les consommables, et les frais généraux.

Muscles et cerveaux (personnel)

La valeur ajoutée d'un centre de documentation vient de ses hommes... même si vous travaillez dans un superbe château... Le poste de coût le plus important dans notre profession est celui des salaires (vérifiez que c'est aussi votre opinion dans l'exercice ci-dessus !).

☞ **Faites quelques estimations :**

Combien valez-vous de l'heure ?... sur votre feuille, notez (sans tricher !) votre évaluation.

Vous ne savez-pas ? Lancez-vous dans la « pifométrie » :

Deux fois, trois fois... le prix d'une femme de ménage (salaire horaire minimum : 31,28 F en 1990) ?

Faites-vous la différence entre :
– combien coûtez-vous (c) ?
– combien valez-vous (v) ?

Si c = v, pas de problème ; si c > v, merci patron ; si c < v, consultez les petites annonces.

Puis, toujours sur votre feuille, listez les personnes qui travaillent dans votre centre, sans oublier la secrétaire, le magasinier, etc. Quels sont, « au pif », leurs salaires ?

Remarque : si une personne ne travaille que 4 jours par semaine, appliquez la règle du *prorata temporis*, ne la comptez que pour 0,8 personne ; si une personne n'a travaillé que du 1er mars à fin août, ne comptez que 0,5 personne.

Nous venons de lancer le mot salaire... sujet sensible, grands et petits secrets... Le coût du personnel est une donnée souvent délicate à traiter : les salariés (français) n'aiment pas voir « afficher » leur salaire, surtout si leur rémunération comporte une part de primes (ancienneté, rendement, abondement). Vous allez peut-être ne pas avoir le courage de demander les salaires de vos collègues... Que faire ?

Comment connaître ou évaluer les frais de personnel ?

☞ **Posons le problème :**

Combien coûtez-vous ?
Est-ce le montant de votre chèque mensuel ?
Prenez votre bulletin de paye : quel chiffre prendre ?

Pour l'entreprise, le coût d'un salarié comprend non seulement le salaire net (votre chèque), mais aussi les charges sociales salariales et les charges sociales patronales. Depuis janvier 1989, ces montants sont portés sur le bulletin de paye : vous pourrez les trouver facilement.

Comment généraliser le calcul à un centre de documentation ?

● **« Au bulldozer... »**

Partez de votre salaire, estimez le salaire de vos collègues grâce à un coefficient diviseur ou multiplicateur (selon que vous estimez qu'ils sont plus ou moins payés que vous) ; le cas échéant appuyez-vous sur votre connaissance personnelle des montants des salaires couramment pratiqués dans votre entreprise. Au pire, adressez-vous à une agence de travail temporaire.

■ **« A la louche... »**

Dans les organismes publics : tout est codifié, indicé... (cf. le *Journal officiel*) ; chaque personne a un indice correspondant à son grade et à son ancienneté; dès que vous disposez de cet élément, il suffit de faire une multiplication entre l'indice et le montant du point d'indice. N'oubliez pas d'ajouter les diverses primes et autres avantages connexes...

Ailleurs : demandez le montant du poste global des salaires dans votre organisme et divisez par le nombre d'agents. Sinon, essayez d'obtenir l'information concernant un agent moyen de la catégorie considérée.

N'oubliez pas de demander de quel salaire il s'agit : du salaire net, du salaire avant charges salariales, ou du salaire incluant charges patronales et salariales. Si vous obtenez les salaires bruts n'oubliez pas de tenir compte des charges salariales et patronales. Si vous n'arrivez pas à connaître ces dernières, faites une estimation avec un coefficient multiplicateur de 1,6.

Exemple :
Salaire mensuel brut 10 000 F
Salaire et charges : 10 000 × 1,6 = 16 000 F

Selon les conventions collectives de la branche dans laquelle vous travaillez, vérifiez si vous recevez 12, 13 ou 14 mois de salaires.

Dans une banque, 10 000 F bruts sur une feuille de paye veulent dire 16 000 × 14 = 224 000 F par an. Pour effectuer des comparaisons avec une entreprise qui se base sur 12 mois, il faut chercher le montant brut mensuel pour un documentaliste de cette entreprise. Dans ce cas, le même montant annuel correspond à une charge globale de 224 000/12 = 18 666 F ; soit un salaire mensuel de 18 666/1,6 = 11 666 F.

✍ *Ainsi n'oubliez pas de prendre le réflexe de raisonner en salaire annuel avant de vous lancer dans des comparaisons.*

CAS PARTICULIER : il n'y a pas de centre de documentation, l'organisme vient de se créer. Quelle référence prendre ?

Vous avez le choix :
– le coût de facturation d'une agence de travail temporaire ;
– la référence de la profession (enquêtes sur les salaires de l'ADBS);
– l'expérience des organismes de formation (INTD, IUT Carrières de l'information...) ;
– la grille de salaire des ingénieurs dans un centre spécialisé ;
– il y a aussi quelques services accessibles par Minitel qui permettent d'évaluer les salaires.

Pour les petits centres, travaillez directement avec les salaires versés à chaque personne du centre. Dans la deuxième partie de l'ouvrage, nous verrons que pour certains calculs il suffit de s'appuyer sur le salaire moyen de chaque catégorie de personnel (avec les charges afférentes). On distinguera alors trois ou quatre catégories de personnel, par exemple : les documentalistes, les aides-documentalistes et les autres employés. Naturellement, ces distinctions sont surtout utiles pour les services d'une certaine taille.

▼ « A la cuillère... »

Prenez, auprès des intéressés, les informations portées sur les feuilles de paye. Si la comptabilité est ventilée par services, vous aurez un chiffre plus précis en demandant la somme de tous les salaires de votre unité.

Si vous préparez un bilan (les informations sur le passé), prenez les feuilles de paye de l'année précédente. Si vous préparez un bugdet (la projection du futur) pensez à tenir compte des augmentations « pour suivre le coût de la vie », des promotions, etc.

A RETENIR : les frais de personnel (ou encore « masse salariale ») comprennent les *salaires nets* + les *cotisations sociales salariales* + les *cotisations patronales.*

✍ *Un bon gestionnaire doit au moins connaître le poste de dépenses le plus important : « les muscles et cerveaux ».*

Planches et planchers (locaux)

☞ Posons le problème

Prenez une autre feuille de papier et dessinez grossièrement le plan de votre centre de documentation. Quelle est, à peu près, la surface au sol ?

...

Vous ne savez pas ?

Au « bulldozer », estimez à grands pas la longueur, la largeur, et multipliez l'un par l'autre.

Avez-vous une idée du métrage linéaire de votre fonds documentaire ?
Combien d'armoires ? Multipliez ce chiffre par le nombre moyen d'étagères et vous aurez déjà une première approximation.

Voyons deux données clés

LA « SURFACE OCCUPÉE AU SOL »

Dans un centre de documentation, elle prend en compte la salle où le public est accueilli, les magasins, les bureaux des agents du centre, la salle pour les machines (ordinateur, modem et unités de contrôle, lecteurs externes de CD-Rom, télécopieur... mais aussi photocopieuses, lecteurs et lecteurs-reproducteurs de microfiches...) et tous les locaux techniques, annexes ou dégagements que l'on peut imaginer.

De cette surface dépendent le volume et peut-être la richesse du fonds ainsi que le taux de fréquentation du centre.

Quelle place réservez-vous à l'accueil ? Quelle place réservez-vous au stockage du fonds ?

Si votre unité dispose d'une aire suffisante, il lui sera possible de s'équiper d'un grand métrage linéaire de rayonnages et elle pourra posséder de nombreux documents répondant aux divers besoins des utilisateurs. Pour des fonds identiques et des localisations comparables, un centre sera utilisé d'autant plus facilement que les conditions d'accueil seront meilleures : la présence de salles de consultation spacieuses et confortables incitera les utilisateurs à se rendre dans les locaux ainsi mis à leur disposition (mais ce n'est qu'un critère de qualité du service).

Des centres fournissant un volume et des services comparables ont souvent des fonds variant du simple au triple. Un fonds volumineux n'est pas forcément un gage de qualité. Cela peut même être l'indicateur d'une politique incohérente d'acquisition et de conservation. Rappelons que la qualité des services provient essentiellement de la compétence des documentalistes.

LE « MÉTRAGE LINÉAIRE »

Le responsable doit suivre régulièrement l'évolution de la surface des locaux. Il en est de même pour le métrage linéaire des rayonnages destinés à la conservation du fonds. A surface identique, c'est le métrage linéaire disponible qui fera la différence entre deux capacités de conservation : ainsi des rayonnages « compactus » permettent d'avoir près de deux fois plus de mètres linéaires que des rayonnages fixes sur la même surface.

Elaboration des données

LA SURFACE DES LOCAUX OCCUPÉS PAR LE CENTRE DE DOCUMENTATION

● « Au bulldozer... »

Tout d'abord, dresser la liste de tous ces locaux sans en omettre aucun. Outre celles affectées à la circulation des personnes, calculer les surfaces utilisées pour chaque fonction et, en particulier, les surfaces techniques (pour les appareils de lecture ou de reproduction, les magasins...). N'oubliez pas vos « cagibis », placards dans les couloirs...

■ « A la louche ... »

On peut procéder à une estimation de ces surfaces à partir des plans établis : la surface de chaque pièce sera calculée à partir de la surface qu'elle occupe sur le plan, et de l'échelle du plan. Il ne convient pas de la calculer au décimètre carré près, mais d'en avoir une idée suffisamment précise (arrondir au mètre carré).

L'estimation à partir d'un plan peut être trop difficile à réaliser avec précision ; il peut être aussi efficace de l'estimer, si cela est possible, directement sur place. Le plus fréquemment, les pièces étant rectangulaires, le calcul de leur surface est simple : le produit de la longueur par la largeur donne bien évidemment la surface. Si la pièce a une autre forme, il faut une méthode d'approximation pour estimer la surface.

Par exemple : la pièce ci-dessus comporte une partie rectangulaire A dont la surface est facile à calculer et une surface triangulaire B dont la surface est la moitié de celle du petit rectangle tracé en pointillé. Par des méthodes semblables on arrive à estimer assez facilement, par étapes, la surface de toute pièce.

▼ « A la cuillère... »

Un service compétent de l'entreprise ou de l'administration doit pouvoir vous fournir la surface exacte de ces locaux : elle est la plupart du temps indiquée sur les plans d'architecte des bâtiments en question.

Ces estimations et ces plans sont à conserver dans un dossier avec toutes les données que vous calculerez par la suite.

LE MÉTRAGE LINÉAIRE

Le « métrage linéaire » d'un ensemble d'étagères ou plus généralement d'un sytème de rangement de documents est la **longueur** de toutes les étagères mises bout à bout. Dans un centre de documentation, ces longueurs doivent être estimées pour chacun des types de support de document possédés par le centre :

– le métrage linéaire destiné aux ouvrages et aux périodiques (ayant comme support le papier) ;

– celui concernant le support microfiche ;

– celui concernant les supports informatiques.

En fonction des types de support, établir la liste de tous les rayonnages, armoires, meubles de rangement possédés par le centre. Pour chaque type de rangement, calculez le nombre d'étagères et multipliez par leur longueur.

Si la nécessité s'en fait sentir, vous pouvez estimer le métrage linéaire en calculant celui d'une armoire type que vous multiplierez par le nombre d'armoires du même type.

Dans le cas de meubles de classement de microfiches, de disquettes, de disques... il est plus facile de calculer le nombre de tiroirs que le métrage linéaire. Ceci peut être suffisant si vous ne possédez pas beaucoup de documents de cette nature, mais pour de grandes quantités il vaut mieux revenir au calcul linéaire.

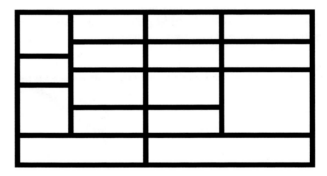

Sur ce graphique, on se rend compte d'un phénomène constaté fréquemment dans les meubles de rangement : les largeurs d'étagères sont différentes ; mesurez une étagère de chaque largeur. Bien souvent les étagères des meubles de rangement sont toutes à la même hauteur ; leur dénombrement est facile. Sinon il est suffisant de se satisfaire d'une approximation de leur nombre, obtenue avec la méthode ci-dessus à laquelle vous ajoutez (ou vous retranchez) le nombre, estimé à vue d'œil, d'étagères supplémentaires (ou manquantes).

– Voir tableau page suivante –

Résultats obtenus - Exemple de récapitulation

LOCAUX	SURFACE EN m²	MÉTRAGE LINÉAIRE (en m)		
		Papier	Microforme	...
Pièce 1	102	450	12	–
Pièce 2	13	18	–	–
Pièce 3	14	5	1	–
...	...	...	...	...

Comme il a été indiqué précédemment, ces résultats seront conservés dans un dossier et mis à jour, si nécessaire, chaque année.

Quelques points de repère

– Superficie moyenne par agent : 60 m². Il s'agit d'une moyenne qui tient compte à la fois de la zone de travail du personnel, du stockage des documents et de l'espace destiné à l'accueil des visiteurs et aux circulations. Cette superficie peut varier en fonction du type de service offert aux usagers (par exemple, elle sera plus faible si l'activité principale consiste essentiellement en un service question-réponse par téléphone ; elle sera plus importante dans le cas d'une bibliothèque de conservation ou de consultation).

– Superficies souhaitables pour la communication de documents. Généralement elles sont de 3 m² par place assise dans une salle de lecture, mais dans le cas d'une mise à disposition de documents destinés à ne pas être consultés sur place, elles peuvent se limiter à 1,75 m² par place.

Utilisation de ces indicateurs

Ces indicateurs de surface et de métrage linéaire ont une grande utilité dans la vie courante du centre de documentation. Sans être exhaustif, nous allons en montrer quelques applications.

GESTION DES SURFACES CONSACRÉES À CHAQUE FONCTION

Les normes habituellement retenues (voir ci-dessus) fixent les surfaces nécessaires pour accueillir des visiteurs en fonction des services qu'ils sont censés recevoir lors de leur passage dans le centre. Tout accroissement de la fréquentation va entraîner de plus mauvaises conditions de travail tant pour les utilisateurs que pour les documentalistes.

Il arrivera un moment où il faudra réorganiser l'espace pour minimiser les contraintes imposées par la fréquentation du centre. Son responsable décidera des harmonisations nécessaires en tenant compte des surfaces encore disponibles ou mal employées. Il sera en mesure d'expliquer, chiffres à l'appui, les raisons de ces aménagements à ses collègues. En cas de situation trop tendue, il aura alors les éléments lui permettant de défendre son dossier auprès de sa direction.

PRÉPARATION D'UN DÉMÉNAGEMENT

De plus en plus souvent, une entreprise ou une administration déménage. La situation est alors délicate car il faut de nouveau justifier et défendre l'espace nécessaire au bon fonctionnement du centre dans le nouveau lieu d'installation.

Il appartient au responsable du centre de pouvoir faire une estimation, au moins grossière, des volumes et des charges qu'il faudra déplacer. La connaissance du métrage linéaire utilisé et un test sur le poids des documents à déménager permettra de fournir rapidement des données utiles à celui qui sera chargé de l'organisation de l'opération. Il suffit de peser les documents conservés sur deux ou trois étagères (mètre linéaire) prises en plusieurs points des magasins.

POLITIQUE DE CONSERVATION DES DOCUMENTS

Même si les surfaces et le métrage linéaire disponibles ne doivent pas être le seul critère de conservation, il est obligatoire d'en tenir compte. Dans un local plus étroit, le documentaliste sera contraint de s'en préoccuper et ne pourra souvent conserver que le strict nécessaire. Si le problème se résume en une répartition entre plusieurs locaux, il devra préciser ce qu'il conserve près de lui ; nous connaissons des centres de documentation qui disposent ainsi de trois ou quatre pièces d'accès plus ou moins commode. Il faut bien estimer le coût de l'organisation qui se traduira par un temps plus ou moins important passé par les agents à se rendre d'une pièce à une autre pour trouver les documents demandés. A la limite, au prix du m² dans certaines villes, il peut être plus avantageux d'emprunter à un autre centre que de conserver.

N'oublions pas le problème de l'accroissement du métrage linéaire utilisable par le centre. Connaissant la politique de conservation adoptée et l'accroissement moyen annuel du fonds, il est possible de prévoir le volume de rayonnages nécessaire pour l'année suivante.

Ces problèmes sont liés et doivent être suivis régulièrement par le responsable. D'ailleurs, l'automatisation de la gestion d'un centre démarre souvent le jour où vous constatez une saturation (fichiers manuels, salle qui les contient...).

Chaises, tables et micro (équipements)

☞ **Posez-vous quelques questions**

Prenez une feuille de papier (les auteurs espèrent que vous en avez un stock sous la main !) et dressez la liste des équipements qui contribuent au fonctionnement de votre centre de documentation.

...

Vous n'avez rien oublié ?

Avez-vous une idée de ce que cela coûte chaque année ?

Des investissements aux dépenses courantes

Les équipements comprennent :
– le mobilier, tel que tables, chaises, supports de terminaux, armoires de rangement, meubles de stockage de livres ou de boîtes d'archives, présentoirs de périodiques, comptoirs d'accueil, etc. ;
– les matériels spécialisés tels que machines à écrire, photocopieurs, lecteurs et lecteurs-reproducteurs de microformes, Minitel et terminaux informatiques, matériel de communication (télex, télécopieur...), micro-ordinateurs et équipements connexes (imprimante, modem, scanner, lecteur de disquettes ou de CD-Rom, lecteur de codes à barres ou de cartes à mémoire...), matériels audio-visuels (récepteurs TV, magnétoscopes, lecteurs de vidéodisques, projecteurs de diapositives ou de films, rétroprojecteurs...) ;
– le petit matériel tel que lampes de bureau, combiné téléphonique, plannings muraux, tableaux papier, escabeaux, etc.

Les coûts de ces équipements peuvent se trouver dans deux postes comptables : les « dépenses d'investissement » et les « dépenses de fonctionnement ». Comment savoir où les enregistrer ?

• **Les investissements**

Un meuble ou un équipement spécialisé sert plusieurs années. Les coûts d'achat sont généralement élevés (supérieurs à 1 500 F TTC), ce qui implique un traitement financier différent de celui des dépenses courantes.

Il ne serait pas juste de faire supporter à un seul exercice comptable la totalité de la charge : il faut répartir le coût de cet équipement sur plusieurs exercices (cf. la définition de l'amortissement en annexe).

• **Les dépenses courantes**

Celles-ci correspondent notamment aux dépenses suivantes :

– location de matériel ;
– acquisition de petits matériels (articles de bureau dont le montant est inférieur à 1 500 F TTC, tels que corbeilles de rangement, boîtes de rangement de disquettes, corbeilles à papier, agrafeuses, paires de ciseaux, cendriers, prolongateurs électriques, etc.) ;
– contrats d'entretien ou de maintenance ; frais de réparation ;

Les comptables considèrent qu'ils sont « consommés » l'année de la dépense.

Les méthodes de calcul

Comment estimer ce type de dépenses ?

● « Au bulldozer... »

Faites une liste des investissements passés.

Faites une estimation à partir du catalogue d'un fournisseur d'articles et d'équipement de bureau en notant vos consommations sur un mois et en multipliant par 12.

■ « A la louche... »

Lorsque l'organisme tient une comptabilité analytique, il suffit de lire les lignes comptables correspondantes. Si celles-ci n'existent pas, que ce soit dans l'administration ou dans une entreprise privée, il est fréquent que ces acquisitions soient assurées par un service spécialisé (« matériel », « approvisionnement », « achats »...) : adressez-vous à lui.

▼ « A la cuillère... »

Si, en tant que responsable du centre d'information, vous négociez directement avec les fournisseurs et passez vos commandes : sortez vos factures et n'oubliez pas de faire les calculs d'amortissement pour introduire les chiffres dans votre budget ou dans le calcul des prix de revient. Parfois il peut être utile de vérifier avec les livres d'inventaire tenus par le service comptable.

Ces coûts servent à :

– calculer le budget global du centre d'information et à préparer le budget de l'année suivante ;
– calculer le coût de revient d'un produit documentaire donné (en fonction du type d'équipement mobilisé) ;
– établir un budget prévisionnel lors de la création d'un nouveau centre d'information (importance du mobilier et de l'équipement spécialisé) ;
– comparer la rentabilité d'une solution informatisée avec celle d'une solution manuelle, d'une solution « papier », d'une solution « microforme » ou d'archivage électronique, etc. (cf. chapitre 7).

CAS DES ÉQUIPEMENTS PARTAGÉS : si un photocopieur est commun à deux ou trois services calculez au prorata de l'utilisation (approximativement ou à l'aide d'un compteur affecté à chaque service). Lorsque vous accédez à l'ordinateur central de votre organisme, par le biais d'un terminal, il ne convient pas seulement de compter le coût d'acquisition de ce terminal mais aussi une quote-part de l'amortissement de l'ordinateur central. Celle-ci est établie généralement au prorata de l'utilisation ; il arrive souvent que les comptables vous affectent à la fois le matériel, le logiciel et le personnel informatique (« coûts informatiques »).

Ces coûts apparaissent dans la comptabilité analytique ; si celle-ci n'existe pas, rechercher les coûts auprès du responsable informatique.

> *Remarque* : en matière d'acquisition d'équipement, plusieurs options vont se présenter à l'organisme : acheter (avec paiement comptant ou à crédit) ou louer. Le choix entre ces options dépend des budgets alloués à chacun de ces postes de dépenses (qui ne sont pas toujours soumis aux mêmes règles administratives), de considérations fiscales, de la continuité des besoins dans le temps, etc. Il reviendra rarement au documentaliste de prendre seul la décision (contacter le service financier ou le service spécialisé dans l'achat des équipements).

Canards, BD et bouquins (acquisitions documentaires)

☞ **Continuons l'entraînement**

Listez les différents types d'achats que vous effectuez tout au long de l'année, sur une nouvelle feuille de papier.

Précisez pour chacun d'eux les montants dépensés ; basez-vous sur les chiffres de l'an dernier.

.....

Votre centre de documentation est une micro-entreprise au sein d'une plus grande structure ; votre personnel transforme des matières premières (des livres, des périodiques...) pour créer des produits finis (bulletins, banques de données...) à l'aide, le cas échéant, de machines (ordinateur, photocopieur...).

Vous allez devoir acheter au jour le jour un certain nombre de documents à des fournisseurs extérieurs. Ces dépenses s'appellent souvent « budget d'acquisition ». Ce poste est celui que vous connaissez le mieux car vous le gérez directement. N'oubliez pas de faire la somme de ces dépenses si elles sont ventilées par catégories de documents ou par modalités d'acquisition :

– documents achetés au coup par coup : ouvrages, normes, rapports, manuels, dictionnaires...

– documents achetés par abonnements annuels : périodiques, mises à jour d'encyclopédies, fichiers électroniques (serveurs, CD-Rom).

Comment les connaître ?

Tout ce qui est obtenu à titre payant fait l'objet généralement d'une procédure consistant notamment en la rédaction et l'envoi d'un bon de commande, la réception du document et d'une facture, et le paiement de cette dernière. L'enregistrement « au fil de l'eau » du montant des factures correspondant à chaque acquisition permet de prendre connaissance de la progression de ce poste de dépenses.

N'oubliez pas d'évaluer les échanges « gratuits » et les trocs.

Dans tout centre de documentation, il y a une quantité variable de documents qui sont acquis par dons ou par échange. Ceci ne donne pas lieu à facturation et, par conséquent, n'apparaît pas dans le poste de dépenses. Nous vous conseillons d'entrer (pour la même valeur) la totalité des échanges à la fois en dépenses et en recettes.

Dans le cas d'un échange, le coût des documents reçus est estimé grâce au prix de ceux envoyés par le centre à ses partenaires ; nous connaissons des centres où le montant de ces opérations s'élève à plusieurs millions de francs par an. Si ces échanges devaient cesser, le budget d'achats de documents de ce centre devrait être accru de ces montants. Cette gratuité comptable n'est de toute façon qu'apparente en termes de « prix de revient » : pensez au temps passé pour « traiter » le document, aux frais d'expédition, à la place nécessaire pour le stockage, etc. (se reporter au chapitre 4 sur le calcul du prix de revient).

Missions et petits fours (consommables et dépenses diverses)

N'oubliez pas ce poste qui est loin d'être négligeable; il recouvre :

Frais de promotion

Leur montant peut vous être facturé directement ou être pris en charge par un autre service de l'organisme.

Ceci correspond à des natures de dépenses variées :
– conception de maquettes de dépliants ou d'affiches ;
– tirage de ceux-ci ;
– sélection et tirage des étiquettes adresses ;
– expédition par mailing (éventuellement en sous-traitant à un routeur qui effectuera la mise sous enveloppe et l'envoi) ;
– location d'un stand et du matériel associé ;
– publicité (encarts dans des journaux) ;
– démarchage par téléphone (marketing direct) ;
– etc.

Frais d'édition et de commercialisation

Ceci peut correspondre à des frais de
– conception ;
– fabrication et impression ;
– rémunération des circuits de distribution (vendeur, distributeur) ;
– emballage et expédition ;
– prise de commande et facturation.

Frais de sous-traitance documentaire

Plutôt que d'effectuer vous-même les résumés d'ouvrages ou d'articles (par exemple) notamment en raison du manque de personnel qualifié ou du manque de temps, vous décidez de confier cette opération à un organisme extérieur ou à un travailleur indépendant. Vous allez devoir remunérer ces travaux extérieurs. Il en sera de même si vous faites faire à l'extérieur des traductions, de la saisie informatique ou du tirage de documents. Pour connaître ces coûts, il suffit de relever le montant des factures.

Frais d'inscription à des colloques ou à des séminaires de formation.

Frais de déplacement

La participation régulière à des visites de centres, à des groupes de travail ou de réflexion, à des congrès, etc. fait partie de l'activité normale des documentalistes (entretien des connaissances, veille technologique). Ne sous-estimez pas ce poste qui va s'accroître avec le travail en réseau et l'ouverture des frontières. A défaut de relevés comptables, estimez-les à partir des tarifs fournis par la SNCF ou les compagnies aériennes ; reportez-vous aux supports spécialisés (journaux, Minitel) qui fournissent les prix de revient kilométriques pour les voitures. Si vous travaillez régulièrement avec les mêmes partenaires, vous devez avoir sous la main le coût du voyage et il suffit de faire une multiplication.

Frais d'achats de consommables pour les équipements et le personnel

Ces dépenses couvrent : papier, rubans encreurs, disquettes, chemises, colles, crayons... Le budget correspondant est souvent géré par les services généraux de l'entreprise. C'est auprès d'eux que vous obtiendrez le montant de ce que vous consommez si cela n'apparaît pas dans les relevés de la comptabilité analytique. Sinon, évaluez grossièrement les quantités consommées par mois, multipliez par onze mois travaillés et faites un tour à la papeterie du coin pour avoir une idée des coûts unitaires.

Frais de cotisations à des associations (telles que l'ADBS !...).

Frais de réception

Fonctionnaires, cette rubrique n'est pas pour vous ! Dans le « privé », si vous offrez un repas à un visiteur ou à un futur client, n'oubliez pas de prendre en compte ces dépenses.

Autres coûts directs, tels que courrier, télécommunication, etc.

A demander auprès du service qui les exécute ou à noter au coup par coup si vous engagez vous-même les dépenses (dans certains centres de documentation, ils sont loin d'être négligeables).

Contrôle

Nous ne vous avions pas demandé de coucher sur le papier la liste des postes de dépenses, mais si vous ne l'avez pas fait, reprenez et complétez la liste. En fonction de vos activités, vous allez découvrir d'autres postes de dépenses.

Comptables, patrons et sièges sociaux (frais généraux)

Tous les postes de charges traités jusqu'à maintenant correspondent à des charges directement « consommées » par le centre de documentation, mais vous vivez dans une structure qui justifie ou qui contribue à l'existence de votre activité. Il est donc normal d'en partager le coût avec les autres services ou unités de travail qui en bénéficient.

Ces frais généraux correspondent aux frais d'encadrement (la quote-part du salaire du directeur général de l'organisme et de son équipe, les locaux qui leur sont nécessaires, leur mobilier, les déplacements, les frais de communication...), la quote-part du personnel des services généraux (comptabilité, service du personnel, courrier, gardiens...), les coûts de promotion institutionnelle (image de l'organisme), les frais courants de fonctionnement des parties communes (éclairage, chauffage, ascenseurs...). Autrement dit, des coûts qui ne sont pas directement liés à votre activité documentaire (certes, ils existent sans votre centre de documentation, mais celui-ci n'existe pas sans eux).

Si vraiment, dans votre organisme, ces coûts sont impossibles à obtenir, « au bulldozer », ajoutez à vos coûts directs (masse salariale comprise) un forfait de 20 % pour ces frais généraux (si vous travaillez avec l'administration, celle-ci vous imposera peut-être un forfait de 8 % maximum !).

Toute proportion gardée, vous auriez à supporter tous ces frais si vous étiez un centre de documentation privé indépendant. Les frais généraux sont calculés au prorata d'un indicateur propre à chaque organisme (par exemple, répartition selon le nombre d'emplois, la masse salariale, la surface des locaux).

– Voir tableau page suivante –

Récapitulation des divers postes de dépenses

POSTES DE DEPENSES		MONTANTS (HT)		
		Au bulldozer	A la louche	A la cuillère
Personnel	– chef de service – documentaliste – assistant – etc.	P ou D	E ou D	R ou C
Locaux		P ou D	E ou D	R ou C
Equipement	– mobilier – micro-ordinateurs – logiciels – télécopieurs – etc.	P ou D	E ou D	R ou C
Documents	– périodiques – ouvrages – normes, brevets – interrogations – etc.	P ou D	E ou D	R ou C
Divers	– papier, gomme… – affranchissement – téléphone – sous-traitance – promotion – déplacements – cotisations – colloques – etc.	P ou D	E ou D	R ou C
Frais généraux	– assurances – personnel d'encadrement – personnel des services généraux – taxes – etc.	P ou D	E ou D	R ou C

R : chiffre réellement constaté ; C : chiffre calculé ; E : chiffre estimé ; D : chiffre donné par quelqu'un d'autre ; P : chiffre « au pifomètre ».

Nous venons de voir que les dépenses d'une activité documentaire se décomposent selon les postes suivants :

Personnel

Locaux

Equipements

Acquisitions de documents

Dépenses directes diverses

Frais généraux

A ce stade, vous disposez de l'une des deux parties qui constituent le budget.

Mais comment dépenser de l'argent que l'on n'a pas ! ?

CHAPITRE 2

Recettes

L'information n'est jamais « gratuite ». Il faut la financer.

☞ Reprenez vos postes de dépenses (cf. chapitre précédent) : qui paye tous ces moyens ?

...

Vous vous rendez compte qu'une grande partie provient de fonds mis à disposition par votre organisme, même si l'argent n'a pas transité par le centre d'information (pensez au paiement de vos salaires, aux charges sociales, aux équipements...).

Les ressources d'un centre d'information peuvent provenir : de l'affectation d'une part du budget de son organisme, de subventions, de vente de produits et prestations, de contrats et conventions, de cotisations, adhésions et droits d'entrée et (ou) de redevances.

Il est rare qu'un centre d'information bénéficie de l'ensemble de ces recettes; quel que soit le cas de figure, vous devez connaître et suivre vos recettes. Mais comment les estimer ?

Ressources internes

Pour beaucoup de centres d'information intégrés dans un organisme, les fonds couvrent la majeure partie ou la totalité des dépenses du centre et leur montant est « fixé » par la direction générale en début d'année (même si des réajustements peuvent intervenir en cours d'année).

Selon l'organisation de votre entreprise, plusieurs cas de figure peuvent se présenter. On distingue grossièrement deux approches :

CAS 1 : organismes à gestion centralisée. Vous êtes obligé d'employer une méthode « au bulldozer », car il est souvent difficile d'extraire des ressources de l'organisme la part qui vous est affectée. Comme il est impossible de dépenser plus que les ressources reçues, vous allez estimer que vos ressources internes sont égales au montant de vos dépenses (telles que traitées au chapitre précédent). N'oubliez pas de déduire de celles-ci les ressources que vous arrivez à identifier, si elles existent.

CAS 2 : organismes à gestion décentralisée. Détermination « à la cuillère » : une masse budgétaire globale est négociée puis affectée à la gestion du centre.

Parfois, le centre d'information facture ses prestations aux autres services de l'organisme. Certes, les ressources sont internes (il n'y a pas d'argent échangé) mais nous allons les considérer comme des ventes.

Vente de produits et prestations

Ces produits et prestations sont fournis à la demande ou sous forme d'abonnement. Leur prix peuvent être fixés *a priori* ou sur devis. Dans les cas de facturation interne, la « cession » ne donne pas lieu à transfert d'argent.

Le montant exact des recettes n'est connu qu'en fin d'exercice et la prévision est basée sur l'extrapolation des résultats des années précédentes modulée par les événements exceptionnels prévisibles.

• Comment les suivre ?

Chaque acte de vente donne lieu à l'émission d'une facture. Il suffit donc d'enregistrer les montants des factures au fur et à mesure et de les cumuler mensuellement puis annuellement pour suivre leur progression. Ces montants sont normalement enregistrés par le système comptable de l'organisme, sinon vous devez le faire vous même.

Le centre d'information peut commercialiser plusieurs produits et prestations (par exemple : recherches documentaires à la demande, abonnements au bulletin bibliographique, vente sur catalogue de dossiers ou de traductions). Afin de calculer leur prix de revient individuel, il est souhaitable d'enregistrer par nature de produit ou de prestation. Pour ne pas couper les cheveux en quatre, nous vous suggérons (« à la louche ») de regrouper en une seule classe les produits ou prestations qui représentent moins de 10 % des recettes.

Exemple de tableau de suivi (4 produits ou groupes de produits)

MOIS	BULLETIN	QUESTIONS	PHOTOCOP.	DIVERS (<10%)	RECETTES	RECETTES CUMULÉES
Janvier Février Mars ... Décembre						
TOTAL : (recettes)						

• Le cas des échanges

Il n'y a pas de transaction financière donc apparemment pas de recettes. Cette économie de « troc » peut ne pas être négligeable dans certains centres de documentation et il est important d'enregistrer les volumes de tels échanges, de les « valoriser » (c'est-à-dire d'estimer ce que représente-raient les dépenses et les recettes s'il y avait facturation).

Il n'est pas toujours simple d'évaluer le montant de ces échanges.

■ « A la louche », la valeur sera estimée en fonction du nombre de pages (d'heures de prestations...) avec un prix standard de la page échangée.

▼ « A la cuillère », elle sera estimée en fonction du prix de vente public (tous frais compris) de ces prestations.

Contrats et conventions

Ceux-ci concrétisent les accords passés avec des organismes tiers dispen-sateurs de crédits (ministères, collectivités locales...) en vue de financer partiellement ou totalement des études, des projets, des équipements, des synthèses documentaires, etc. Un contrat est donc établi en vue d'un objec-tif précis et n'est généralement pas renouvelé tel quel. Il ne s'agit pas de recettes régulières.

La durée de réalisation du contrat peut s'étendre de quelques mois à quelques années. Dans le cas où cela dépasse 12 mois ou si le travail à réaliser est à cheval sur deux ou plusieurs années civiles, il convient de répartir la ressource sur les années budgétaires correspondantes, au prora-ta des mois couverts (indépendamment des dates effectives de versement) si la charge de travail est régulière, ou en fonction de l'évolution prévisible des dépenses si celles-ci apparaissent irrégulières. Cet étalement des recettes est justifié par le fait que les dépenses correspondantes vont aussi être étalées sur plusieurs exercices budgétaires.

Comme nous l'avons signalé en début d'ouvrage, il faut faire attention aux montants HT (hors taxes) ou TTC (toutes taxes comprises); les présenta-tions varient selon les administrations.

Cotisations, adhésions et droits d'entrée

Lorsque l'organisme a un statut associatif, il collecte des cotisations versées par les membres ou les adhérents de l'organisme ou du centre d'information (si celui-ci a un statut autonome); cela peut correspondre aussi à un droit d'accès annuel forfaitaire; on peut inclure aussi dans cette catégorie les taxes parafiscales affectées à l'organisme.

Une cotisation est généralement annuelle. Le résultat exact de ce type de recettes ne peut être connu qu'en fin d'exercice puisque des cotisants peu-vent ne pas renouveler leur cotisation ou, au contraire, de nouveaux coti-sants peuvent souscrire en cours d'année. Il peut être estimé en début d'an-née à partir des résultats des années précédentes, en tenant compte des changements de tarification (se reporter au chapitre 6).

La cotisation peut être versée à deux niveaux : celui de l'organisme ou celui du centre d'information. Dans ce dernier cas, le montant total annuel de la ressource correspond au montant de la cotisation multiplié par le nombre de cotisants. La quote-part est plus difficile à évaluer si la cotisation doit être répartie par l'organisme.

Incluez aussi dans ce cas les cotisations à un réseau comme, par exemple, un club d'utilisateurs d'une banque de données réservée aux partenaires de votre centre. En plus des coûts d'interrogation, des droits d'entrée ou d'adhésion annuelle peuvent être perçus par votre centre.

Redevances

Celles-ci peuvent être versées par un revendeur d'information (centre serveur, distributeur...) ou à la suite d'un contrat d'exploitation (droits de reproduction, par exemple).

Comme dans les cas précédents, le montant exact n'est connu qu'en fin d'exercice, à moins qu'il s'agisse de montants forfaitaires. Les montants peuvent être versés à des dates fixées dans le contrat (annuellement, trimestriellement, mensuellement).

Si le versement est global mais que ces redevances concernent plusieurs produits, il est souhaitable d'effectuer une ventilation par produit. Faites une répartition approximative au prorata, par exemple, des nombres d'heures vendues (toujours dans la perspective de comparer avec les prix de revient du produit).

> *Remarque :* les cotisations, comme les souscriptions à des abonnements ou les actes d'achat, étant renouvelables mais pas toujours renouvelées, il est souhaitable de tenir une courbe cumulée de progression, mois par mois, des recettes et une courbe similaire du nombre de cotisants ou souscripteurs. Celles-ci permettront de comparer par rapport à l'année précédente ou/et par rapport aux prévisions établies en début d'année (et de déclencher le cas échéant les opérations de relance ou d'autres mesures en conséquence). Ce suivi permet de réagir immédiatement si vous constatez de trop grands écarts.

Attention aux décalages des relevés !

Il peut se passer plusieurs mois entre le moment où vous recevez les statistiques de consommation concernant votre banque de données et le moment où vous allez effectivement percevoir les redevances correspondantes. En France, pour le « kiosque » Télétel, une facture est bimestriellement adressée au consommateur par France Télécom; ajoutez le délai de reversement au centre serveur, puis le délai de reversement au producteur... alors que vous avez engagé les dépenses de création ou de mise à jour des données plusieurs mois auparavant.

✍️ *Qu'il s'agisse de ressources internes ou de ressources externes, veillez aux recettes : pas de recettes, pas d'emploi...*

Après la partie concernant les dépenses, nous disposons maintenant de la partie concernant les recettes : tout est prêt pour établir un budget, qui peut prendre la forme schématique suivante :

DEPENSES (charges)

RECETTES (produits)

Salaires et charges sociales ....   *x* kF

Ressources internes affectées   *x* kF

Loyer et charges associées...........   *x* kF

Vente de produits et prestations   *x* kF

Equipement ....   *x* kF

Contrats et conventions ....   *x* kF

Acquisitions documentaires .....   *x* kF

Cotisations et droits d'entrée ...   *x* kF

Consommables et dépenses diverses *x* kF

Redevances ....   *x* kF

Frais généraux ....   *x* kF

TOTAL : ....   *x* kF   TOTAL : ....   *x* kF

Dépenses ↑ Ressources

A noter : le total des recettes correspond au total des dépenses.

CHAPITRE 3

Etablir et suivre un budget

Pour y voir plus clair à un moment donné,
pour constater l'évolution financière,
pour prendre des mesures correctives,
pour pouvoir simuler une situation future,
tout organisme, qu'il soit public ou privé, doit suivre ses dépenses et ses recettes.

Pour y parvenir, vous pouvez utiliser le budget qui met « en balance » toutes les recettes et toutes les dépenses durant une période donnée. Celle-ci, appelée « exercice budgétaire », peut ou non correspondre à l'année civile.

Pourquoi établir un budget ?

• Le budget est la maîtrise du présent :

– pour que les documentalistes prennent conscience de leur valeur ;

– pour dialoguer avec sa hiérarchie en se basant sur des faits concrets et non sur des *a priori* ou des lamentations ;

– pour devenir un partenaire qui influence les décisions, les choix, et attire l'attention sur leurs conséquences;

– pour éviter des blocages inopinés comme, par exemple,

  • l'arrêt des acquisitions en cours d'année parce que le montant fatidique de la ligne budgétaire est dépassé,

  • le refus d'embaucher un agent temporaire pour faire face à une absence, etc. ;

– pour vous permettre de dire non.

• Le budget est la préparation de l'avenir :

– pour se préparer à vivre l'autonomie budgétaire. De plus en plus d'organismes décentralisent la préparation et le suivi du budget vers les « centres de responsabilité »; ceci signifie une responsabilisation du « patron » de l'unité de travail et une plus grande maîtrise de l'activité et de son évolution.

Le « décideur » ne sera plus un illustre inconnu puisque ce sera vous. Dans certaines entreprises, on applique la « direction participative par objectifs » : le responsable de chaque unité (donc du centre de documentation) s'engage sur des objectifs d'activité et de charge de travail ; il rend compte, en fin d'exercice, des écarts entre les recettes et les dépenses ;

– pour bâtir l'avenir en concevant des projets qui répondent aux vrais besoins des partenaires du centre ;

– pour introduire de nouveaux produits ou de nouvelles techniques favorisant l'augmentation de la productivité et l'efficacité des collaborateurs.

• Le budget est le reflet de la politique documentaire.

Si vous disposez d'un certain montant de ressources, comment allez-vous le répartir entre les différents types de dépenses ? Affecter ne serait-ce que 10 % de plus à un poste budgétaire plutôt qu'à tel autre n'est pas sans conséquences. Allez-vous mettre l'accent (mettre plus d'argent), en fonction d'une démarche marketing, sur :

– le perfectionnement du personnel ?

– les visites d'éveil ?

– l'accroissement du fonds documentaire ?

– la veille informative ?

– l'expertise en nouvelles technologies ?

– l'informatisation du centre ?

– la commande d'une étude de marché ?

– la réalisation d'un produit nouveau, etc. ?

• Le budget du centre d'information est un sous-ensemble du budget général de l'organisme.

D'une certaine façon, ce dernier résulte du regroupement des budgets des différents services, et inversement ceux-ci sont dépendants du budget général : il y a interdépendance. Même si le nombre de rubriques comptables est moins élevé que celui du budget général, le budget du centre d'information doit être cohérent dans sa présentation avec ce dernier, établi selon les mêmes règles, et porter sur la même période calendaire.

La somme des budgets des services est égale au budget de l'organisme (cf. fig. p. 45).

Quand établir un budget ?

Les services se préoccupent d'un budget pendant trois ans :

– le temps des prévisions (année $n - 1$) ;

– le temps du suivi mois par mois (année n) ;

– le temps du bilan (année $n + 1$).

CENTRE D'INFORMATION

• Produits :

– Ressources propres.
– Subventions.
– Etc.

• Charges :

– Masse salariale.
– Achats.
– Entretien.
– Sous-traitance.
– Déplacements.
– Etc.

+

SERVICE X...

• Produits :

– Ressources propres.
– Subventions.
– Etc.

• Charges :

– Masse salariale.
– Achats.
– Entretien.
– Sous-traitance.
– Déplacements.
– Etc.

+

SERVICE Y...

• Produits :

– Ressources propres.
– Subventions.
– Etc.

• Charges :

– Masse salariale.
– Achats.
– Entretien.
– Sous-traitance.
– Déplacements.
– Etc.

ORGANISME

• Somme des produits :

– Ressources propres.
– Subventions.
– Produits financiers.
– Etc.

• Somme des charges :

– Masse salariale.
– Achats.
– Entretien.
– Sous-traitance.
– Déplacements.
– Loyers.
– Chauffage.
– Assurances.
– Energie.
– Frais financiers.
– Etc.

Autrement dit, au cours d'une année donnée, vous intervenez sur trois niveaux différents : au cours du premier trimestre, vous dressez le bilan de l'année précédente; vous suivez, mois par mois, la « réalisation » du budget par rapport à ce qui a été adopté en début d'année ; et, dès le milieu de l'année, vous préparez le budget de l'année suivante (voir figure ci-dessous).

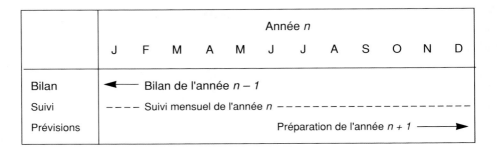

Pour les centres qui suivent l'année civile, les premières propositions de budget s'effectuent généralement vers le mois de mai ou juin. La direction financière doit disposer de suffisamment de temps pour intégrer les différentes propositions et faire une première esquisse budgétaire; celle-ci est transmise aux services, lesquels font une contre-proposition; par approches successives et négociations entre parties prenantes, on aboutit ainsi en fin d'année à une « prévision budgétaire » finale qui va servir de document de référence pour l'année concernée.

Budget : les étapes

Année *n* – 1 ———————— **Phase de préparation**
des prévisions de l'année *n*

• juin ———————— Objectifs provisoires
Propositions de recettes
et dépenses

• juillet-septembre ———————— Synthèse des propositions
de tous les services

• octobre ———————— Arbitrage et fixation
de l'objectif global

• novembre-décembre ———————— Adoption/fixation des objectifs
de chaque service

———————— Mensualisation des prévisions ————————

Année *n* ———————— **Phase de réalisation**

Suivi mensuel des résultats

Comparaison avec les prévisions
Analyse des écarts
Diagnostic et ajustement

• juin ———————— Réactualisation
des prévisions (année *n*)

Préparation des prévisions
pour l'année *n + 1*

Année *n + 1* ———————— **Phase de bilan**

• premier trimestre ———————— Bilan de l'année *n*

Comment établir les budgets ?

Un budget se présente sous forme d'un tableau regroupant les recettes et les dépenses examinées au cours des chapitres précédents. Voir à la fin du chapitre précédent un exemple de présentation de buget (dit « à la française »); celui-ci peut aussi être présenté « à l'anglo-saxonne » comme ci-dessous :

Recettes (produits)   HT

Ressources internes affectées ——————————————— x kF

Vente de produits et prestations ——————————————— x kF

Contrats et conventions ——————————————— x kF

Cotisations et droits d'entrée ——————————————— x kF

Redevances ——————————————— x kF

TOTAL ——————————————— x kF

Dépenses (charges)

Salaires et charges sociales ——————————————— x kF

Loyer et charges associées ——————————————— x kF

Equipement ——————————————— x kF

Acquisitions documentaires ——————————————— x kF

Consommables et dépenses diverses ——————————————— x kF

Frais généraux ——————————————— x kF

TOTAL ——————————————— x kF

Ce modèle est plus pratique pour les comparaisons d'une année sur l'autre. Nous rappelons qu'il y a équilibre entre les recettes et les dépenses (plus exactement, les charges et les produits).

Pour être certain d'arriver au moins à équilibrer les recettes et les dépenses en fin d'année, une règle de prudence recommande de majorer les prévisions de dépenses (il y a toujours des imprévus ou des augmentations de prix) et de minorer les recettes envisagées (il y a toujours des mauvais payeurs ou des ventes retardées).

Sur quelles bases ?

— Chiffrer les besoins du service en effectifs, en m² de locaux, en sous-traitance, en équipements, en charges diverses. Cette estimation sera accompagnée d'une prévision d'activité : événements prévisibles (création de nouveau produit, départ à la retraite, colloque exceptionnel...), chiffre d'affaires espéré.

– S'appuyer sur l'évolution des exercices précédents (en tenant compte du taux d'inflation prévisible), sur les grandes orientations de la Direction, sur les choix faits en matière de politique documentaire, sur les états comptables et statistiques.

– Ces prévisions, naturellement, sont à faire en liaison avec les représentants de la direction financière mais aussi avec les autres départements susceptibles d'être concernés par les activités documentaires (marketing, informatique...). Vous avez besoin d'étudier avec eux leurs projets (synergie avec d'autres opérations, évaluation des coûts, capacité ou plan de charge acceptable...) et, réciproquement, ils auront besoin de connaître vos projets pour établir leur propre budget et planifier les travaux.

Budget prévisionnel

● « Au bulldozer »

Si votre comptabilité a brûlé et que vous n'avez plus d'archives, comment faire ? Il est courant de considérer que le coût d'un centre d'information ou de documentation comporte environ 70 % des dépenses en frais de personnel.

■ « A la louche »

Pour les dépenses, vous recensez tous les postes de charges du centre de documentation (vous regrouperez les dépenses de même nature, poste par poste; par exemple, les différentes dépenses prévues pour les déplacements seront regroupées sous le poste « missions »), puis vous en faites la somme ; vous ajoutez un pourcentage forfaitaire de frais correspondant aux charges communes de l'organisme : en effet, le centre n'est pas autonome et vous devez tenir compte des prestations assurées par d'autres services :

– le comptable fait vos factures ;

– le courrier expédie vos bulletins ;

– le commercial fait votre promotion ;

– etc.

Vous devez aussi contribuer à « payer » le salaire de la « structure » (patron, services généraux...).

Selon la vocation, la taille de votre organisme, et ceux de votre centre... vous devrez intégrer 10 à 90 % de coûts indirects.

Pour les recettes, vous ferez une prévision détaillée activité par activité (x bibliographies à ... francs + y questions/réponses à... francs...). En fonction de cette première esquisse et du résultat (recettes moins dépenses), le responsable peut être amené à rechercher des idées pour générer des recettes supplémentaires (ventes, subvention...) ou comprimer les dépenses.

▼ « A la cuillère »

Dans le cas d'un organisme doté d'une comptabilité analytique (cf. annexe 2), il est relativement facile de connaître le coût réel d'un centre de documentation en fin d'année puisque cette approche comptable intègre et ventile par unité de travail les frais de personnel, d'équipement, de matières consommables, de sous-traitance externe, de locaux, de logistique et les frais généraux.

● « Au bulldozer »	■ « A la louche »	▼ « A la cuillère »
dépenses connues du centre de documentation	dépenses connues du centre de documentation	Comptabilité analytique
+ dépenses inconnues = % des dépenses connues du centre	+ % des dépenses connues de la structure	

Le budget prévisionnel doit aussi intégrer les investissements futurs pour la quote-part correspondant à la période. C'est surtout dans cette phase que vous pouvez vous faire aider par les services comptables et financiers.

Vous tiendrez compte d'une prévision d'inflation dans vos prévisions de dépenses, car vous êtes obligé de subir, notamment, les augmentations de salaires. Mais par prudence, vous n'augmenterez pas d'autant vos recettes, même si vos tarifs doivent être augmentés pendant cette période.

Cas d'un centre appartenant à une administration

Qu'il s'agisse de l'administration centrale ou des collectivités territoriales, une unité spécialisée est en charge de la prévision et de l'exécution du budget; celle-ci s'informe des projets des directions et services opérationnels et les traduit en demandes de crédits pour l'exercice budgétaire à venir.

Il faut savoir que :

– les demandes de crédit doivent être exprimées au début de l'année *n - 1* pour être inscrites dans le projet de budget de l'année *n* ;

– les crédits se divisent en « mesures acquises » qui sont reconduites en principe sans discussion et en « mesures nouvelles » qui font l'objet de négociations et de remise en cause, en fonction des instructions gouvernementales ;

– les crédits sont classés en titres, chapitres, articles et paragraphes.

Exemple : on trouvera à l'article 11 du chapitre 374, les achats de mobiliers et matériels de bureau (§ 12), les locations mobilières (§ 20), l'entretien des agencements, aménagements, etc. (§ 31), les abonnements, documentation, impressions (§ 54). De la même façon, l'article 30 concerne la formation du personnel.

Les prévisions budgétaires sont établies pour chaque rubrique de cette nomenclature (voir aussi en annexe 2 l'exemple du plan comptable départemental); n'oubliez pas que, dans la plupart des cas, les crédits de fonctionnement ne sont pas reportables d'une année sur l'autre (voir aussi les études de cas en fin de chapitre).

La proposition de budget se présentera ainsi :

• **Un compte de résultat annuel global** (montants prévus par le service de documentation concernant chaque poste comptable) ; les propositions sont présentées selon les rubriques du plan comptable (cf. annexe en fin d'ouvrage).

Souvent, les premières propositions concernent uniquement les rubriques sur lesquelles le service peut « agir », c'est-à-dire les coûts directs ; les coûts indirects tels que les frais généraux sont estimés selon les directives du service financier.

• **Un état présentant la ventilation par produit ou activité** s'il y en a plusieurs au sein du service ; les options éventuelles apparaîtront sur cet état (base pour des arbitrages éventuels).

Il peut être utile de présenter plusieurs scénarios budgétaires basés sur des hypothèses différentes (on parle d'hypothèse haute et d'hypothèse basse). N'oubliez pas de bien indiquer sur vos documents les hypothèses qui ont servi de base à vos calculs.

En pratique, le centre d'information et de documentation présente ses demandes de crédits, d'affectation de personnel supplémentaire ou d'investissement par des notes justifiant les demandes. Il précise l'usage qui sera fait des moyens supplémentaires, les résultats qui en seront attendus et ce qui se passerait s'ils n'étaient pas accordés.

Suivi mensuel

Une fois le budget « stabilisé » (adopté par la Direction ou le Conseil d'administration), on réalise un état présentant les prévisions mensualisées (cf. fig. p. 52), base de référence pour le suivi des écarts et les corrections en cours d'année. Il s'agit de permettre le suivi mois par mois des dépenses et des recettes et de les comparer au budget prévisionnel de l'année pour mettre les écarts en évidence. Voir le chapitre 7 pour l'exploitation de ces données. Il est fréquent qu'au mois de juin, au vu du réalisé, les prévisions budgétaires soient révisées.

Le suivi financier

Postes		janvier	février	mars	...	total
Masse salariale	budgété					
	réalisé					
	écart					
Sous-traitance	budgeté					
	réalisé					
	écart					
Acquisitions						
Etc.						
Recettes						
Marge						

Bilan et compte d'exploitation

Un état établi en données cumulées permet dès la fin de l'exercice de disposer d'un compte d'exploitation global. Ce « bilan » (terme qui ne correspond pas à ce que les comptables appellent par ailleurs « bilan financier ») peut être réajusté le cas échéant par des opérations dites de régularisation *(cutoff)*, pour affecter au bon exercice budgétaire les dépenses et les recettes qui sont à cheval sur deux périodes (par exemple, vous avez confié une traduction à un cabinet extérieur en décembre, mais vous ne recevrez la facture qu'en janvier ; ou encore vous avez payé en novembre un abonnement annuel à une revue, mais 10 numéros sur 12 seront effectivement livrés l'année suivante).

Si les recettes sont supérieures aux dépenses, on a généré un profit. Si les dépenses sont supérieures aux recettes, on constate une perte.

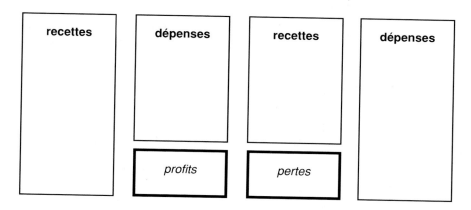

EXEMPLE DE BILAN (cas d'un petit service de documentation ouvert au public) :

Produits (recettes) ———————————————— **337 kF**
70100 Prestations documentaires ———————————— 57 kF
74000 Contrats d'étude ————————————————— 280 kF

Charges (dépenses) ———————————————— **799 kF**
61113 Documentation électronique —————————— 10 kF
61810 Ouvrages et revues ————————————— 30 kF
62360 Publicité, promotion —————————————— 40 kF
62370 Affranchissements ——————————————— 18 kF
62380 Salons ————————————————————— 12 kF
62510 Déplacements ———————————————— 4 kF

Masse salariale ——————————————————— **431 kF**

Total coûts directs ——————————————————— **545 kF**

Coûts indirects (frais généraux...) ——————————— 254 kF

Résultat (recettes : 337 kF – dépenses : 799 kF) ———— **- 462 kF**

Dans cet exemple, le bilan recettes/dépenses est « déficitaire », car une partie des activités est interne à l'organisme et n'est pas facturée explicitement. La prise en charge financière de cette différence devrait entrer dans les coûts indirects des autres services. C'est malheureusement un exemple que l'on rencontre souvent et qui met le responsable du centre dans une situation de négociation difficile avec sa direction (quémander des sous pour une activité apparemment non rentable).

Une bonne démarche est de quantifier vos prestations internes (cf. chapitre 6) et d'estimer un prix de vente basé sur les prix de vente vers l'extérieur ou sur les prix normaux du marché (cf. tarifs SVP, INIST…) ; en faisant apparaître cela dans votre présentation, il y a fort à parier que votre « déficit » n'existera pas.

La pratique de la « facturation interne » a le mérite de rendre plus explicites les relations entre le centre d'information et les autres services et d'introduire un meilleur climat psychologique avec la Direction (frais généraux « allégés », responsabilisation financière des usagers qui maîtrisent mieux leurs dépenses, contrainte marketing pour le centre d'information qui n'a plus à s'en prendre à la « Direction » mais à lui-même si les recettes diminuent).

✸ Etudes de cas

 CAS N°1
Le cas du centre de documentation d'un département

Comme pour les autres centres de documentation dépendant de l'administration, les démarches sont différentes selon la nature des dépenses :

– les dépenses communes à l'ensemble des services (frais de personnel, immobilier, fournitures…) ne sont pas individualisées par service dans le budget général du département : les montants résultent d'une compilation des propositions faites par les divers services;

– les dépenses directes spécifiques aux activités documentaires (acquisition de documents, banques de données…) apparaissent explicitement dans le budget examiné par le Conseil général.

Après mise au point entre le responsable du centre de documentation et sa direction, un rapport explicite les « propositions relatives à la préparation du projet de budget primitif du centre de documentation ». Ce rapport comprend :

– un « tableau récapitulatif des crédits demandés » ;

– une note d'orientation générale indiquant les évolutions budgétaires par rapport aux années précédentes et justifiant ces évolutions ;

– des fiches, éventuellement argumentées, pour chaque ligne comptable concernée.

Ce rapport est examiné pour approbation par le Conseil général lors de la séance consacrée à l'étude du budget général (en décembre). Après adoption, une notification est transmise au service.

Du suivi quotidien à la prévision budgétaire

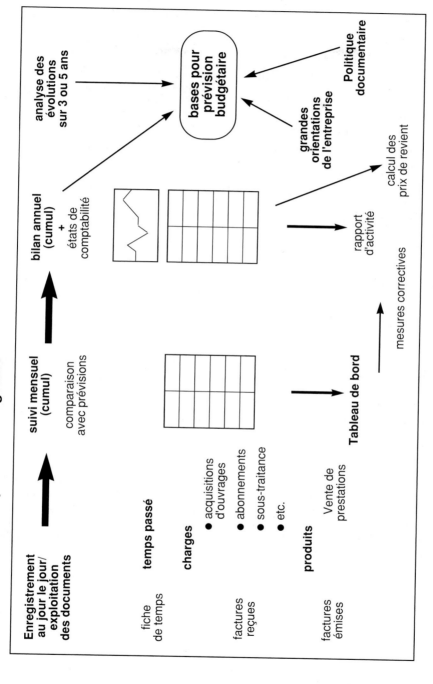

• Tableau récapitulatif

Dépenses	1990	projet 1991	% 1991/90
Investissement			
Crédits gérés par le centre ————	150 kF		
Crédits gérés par autres services —	95 kF ——	138 kF	
Sous-total ————————. ————	245 kF ——	138 kF —	- 43,68 %
Fonctionnement			
Crédits gérés par le centre ————	1 821 kF —	2 129 kF	
Crédits gérés par autres services —	48 kF —	266 kF	
Sous-total ————————————	1 869 kF —	2 395 kF —	+ 28,10 %

Recettes

Crédits alloués

• Note d'orientation

Ce budget 1991 concerne la globalité des dépenses de fonctionnement :

– de la structure documentaire centrale ;

– des crédits de documentation gérés par le centre pour l'ensemble des services départementaux ;

– de la structure décentralisée (antennes documentaires spécialisées).

En effet, le centre de documentation assume depuis x années telle et telle missions auprès des utilisateurs (…) il s'agit maintenant de développer telle antenne spécialisée auprès de tel service départemental, etc.

L'évolution des crédits 1991 se caractérise ainsi :

– stabilité de telle dépense pour telle raison ;

– augmentation de telle et telle dépenses pour telle raison.

• Fiches argumentées

Les divers postes de dépenses (par nature) sont répartis au sein de rubriques d'affectation, subdivisions ici du chapitre 934 « Administration générale » de la comptabilité des départements (cf. annexe). Les propositions concernant les dépenses de stages de formation, de participation à des colloques, etc., qui sont faibles globalement, suivent une autre procédure.

FONCTIONNEMENT

Crédits gérés par le service (chapitre 934) ———————— **2 129 kF**

• *Sous-chapitre 934-1*

6630 - Abonnements pour le Conseil général ——————— 14 kF

6631 - Bibliothèque ————————————————— 10 kF

• *Sous-chapitre 934-21*

6620 - Impression _____ 200 kF

(concerne l'impression d'une plaquette de présentation du département)

6629 - Prestations de service _____ 288 kF

(concerne le transfert et le chargement des mises à jour de la base de données, le stockage et les prestations d'exploitation informatique, l'interrogation interne et les éditions papier ainsi que la maquette d'un nouveau produit)

6630 - Abonnements pour les services départementaux _____ 410 kF

(comprend le renouvellement des abonnements en cours, les demandes spécifiques des services et la mise à jour des usuels techniques)

6630-1 - Abonnement aux bases de données externes _____ 220 kF

(comprend les interrogations des bases x, y et z et la participation au réseau ECOTHEK)

6631 - Bibliothèque _____ 180 kF

(comprend : acquisition de livres, mise à jour d'ouvrages de référence pour les conseillers généraux et les services départementaux, demandes prévisionnelles des services; première dotation pour la constitution d'un fonds documentaire technique)

• *Sous-chapitre 934-5 (service départemental x)*

6629 - Prestations de service _____ 241 kF

(comprend les prestations de fonctionnement de la banque de données départementale, l'interrogation de banques de données externes sur la base de 100 heures, la maquette d'un nouveau produit d'information)

6630 - Abonnements aux périodiques _____ 225 kF

(concerne l'antenne documentaire du service x)

6630-2 - Abonnement à des banques de données _____ 257 kF

6631 - Bibliothèque _____ 84 kF

Crédits gérés par d'autres services (pour le centre) _____ **266 kF**

• *Chapitre 934-21*

6620 - Impression _____ 160 kF

6621 - Frais de reliure _____ 15 kF

663 - Documentation générale _____ 31 kF

• *Chapitre 934-5*
6620 - Impression _____ 60 kF

INVESTISSEMENT

Crédits gérés par d'autres services (pour le centre) _____ **138 kF**
• *Chapitre 900-00*
2140 - Mobilier et équipement de bureau _____ 70 kF
• *Chapitre 900-95*
2147 - Equipements divers (audiovisuel...) _____ 68 kF

 CAS N°2

Le cas du centre de documentation et d'information (CDI) d'un lycée de 1300 élèves

• Le contexte

Le lycée est situé en région parisienne (budget de fonctionnement de l'ordre de 3 millions de francs) ; les bâtiments étant répartis sur deux sites nécessitent le dédoublement du CDI et du personnel ; le centre est doté d'un photocopieur et d'un Minitel ; un équipement informatique est prévu. Le CDI gère aussi les moyens audiovisuels de l'établissement. Hormis la mise à disposition du fonds, le principal « produit documentaire » consiste en la réalisation de dossiers thématiques sur quelques sujets.

• Les étapes

NOTA : l'exercice budgétaire est lié à l'année civile et non à l'année scolaire.

— Des propositions sont faites globalement par le chef d'établissement aux autorités de tutelle au cours de l'année n - 1.

— Au cours du 1er trimestre de l'année n, le chef d'établissement connaît l'enveloppe (le montant) des crédits dont dispose l'établissement (crédits en provenance de l'Education nationale, des collectivités territoriales et, éventuellement, issus de la taxe d'apprentissage). Parmi les différents postes budgétaires, deux concernent directement les activités documentaires : les crédits pédagogiques et la bibliothèque.

— Le CDI bénéficie par ailleurs des moyens alloués en personnel (2 documentalistes dans notre cas), en locaux (3 salles dans un bâtiment et une salle dans l'établissement annexe, soit 350 m^2 environ) et en mobilier.

— Les crédits pédagogiques font l'objet d'une répartition entre les diverses disciplines et les divers intervenants pédagogiques (y compris le CDI), cette répartition étant étudiée au sein de l'établissement avant adoption définitive (en mars-avril).

— Un complément budgétaire peut exister en fin d'année (octobre-novembre).

• Les ressources du CDI

Les ressources dont disposent les documentalistes proviennent (pour l'exemple étudié) :

– des crédits alloués à la « bibliothèque » : 3 000 F ;

– de la quote-part des crédits pédagogiques allouée au CDI : 21 000 F ;

– d'une partie des crédits pédagogiques alloués aux autres disciplines (dans la mesure où l'utilisation de ces crédits est concrétisée par l'acquisition de documents choisis par le corps enseignant mais confiés au CDI) : 80 000 F environ ;

– d'une partie des crédits « culturels » gérés par le Foyer du lycée (mise à disposition au CDI d'abonnements à des journaux et revues d'intérêt général) : estimé à 3 000 F.

Les dépenses exceptionnelles (achat d'une encyclopédie, par exemple) peuvent être financées, le cas échéant, par le « fonds de réserve » de l'établissement.

• Les dépenses du CDI

Ces dépenses concernent l'acquisition

– d'ouvrages, de dictionnaires ou de manuels ;

– d'abonnements à des périodiques ;

– de dossiers et supports pédagogiques (diapositives, cassettes vidéo…) ;

– de petits matériels (projecteur, magnétophone…) ;

– de consommables (papier, stencil…) ;

– et, le cas échéant, les frais d'entretien et de réparation du matériel.

Quelques documents et outils sont fournis par les Centres régionaux de documentation pédagogique.

Il n'y a pas de crédits prévus pour les communications (le Minitel est réservé strictement à l'accès au service de l'Education nationale pour les inscriptions aux examens ou à l'université, les demandes de mutation, etc.).

• Le rôle du responsable du CDI

Son rôle est essentiellement pédagogique : accueil des élèves, aide à la recherche d'information, mise à disposition de dossiers, etc. La part consacrée à la gestion est relativement faible (10 %); elle comporte les tâches suivantes : commande des documents, traitement de ceux-ci, suivi budgétaire de la quasi totalité des crédits pédagogiques (sous contrôle de l'intendant) à l'aide d'un registre ventilé par discipline (en principe : arrêt des commandes dès que le montant des crédits est atteint pour la discipline considérée; en pratique, négociation avec les collègues qui n'ont pas encore « épuisé » leurs crédits).

• Les préoccupations du responsable du CDI

Les crédits alloués au fonctionnement du CDI sont jugés satisfaisants pour enrichir le fonds documentaire en fonction des souhaits du corps enseignant et des élèves. Néanmoins se posent deux préoccupations de « gestion » :

– comment utiliser au mieux ces crédits : sur quel type de document mettre l'accent ? Faut-il un ouvrage coûteux ou plusieurs ouvrages bon marché ?

– comment dégager du temps pour rester disponible aux élèves ?

Ceci a conduit, par exemple, à l'acquisition de fichiers bibliographiques tout préparés pour supprimer la réalisation de fichiers en local.

DEUXIEME PARTIE

L'exploitation des chiffres

La connaissance des coûts engendrés par les activités du centre d'information est nécessaire pour :

• Définir les prix de vente des produits et services d'information

• Guider les relations entre les centres au sein d'un réseau

• Connaître l'impact sur les produits et services d'un changement dans les « composants » (méthode de fabrication et matériels, personnel, documents)

• Comparer des produits voisins

• Rechercher des réductions de coûts

• Justifier le choix ou la suppression de produits et services

• Juger le coût d'activités secondaires non facturables (telles que déplacements, accueil d'étudiants ou d'autres visiteurs)

• Guider le choix entre « faire » et « faire faire » (opérations à effectuer au sein de l'unité de travail ou bien à faire sous-traiter à l'extérieur)

• Suivre l'évolution de l'impact des produits et services auprès des utilisateurs

• Etc.

C'est ce que nous allons examiner au cours des chapitres qui vont suivre.

CHAPITRE 4

Calculer le prix de revient

La connaissance du prix de revient permet de prendre des décisions sur le devenir de chaque produit ou service, l'amélioration de la productivité, etc. Il sert aussi de base pour la tarification si vous souhaitez facturer le produit ou la prestation à d'autres services de l'organisme ou à un client externe.

La méthode que nous décrivons permet d'évaluer le prix de revient d'une activité d'information quelle qu'elle soit.

> *Remarque préalable :* un coût représente une accumulation de charges (au sens comptable du terme) entraînées par la réalisation d'un produit ou d'un service ou encore par le fonctionnement d'une activité. Le prix est lié à des transactions avec l'extérieur : prix d'achat ou prix de vente ; il résulte d'une politique de tarification et, plus généralement, de décisions de nature commerciale.

ATTENTION : le langage courant utilise le terme de « prix de revient » pour désigner en fait un « coût de revient » (terme correct qu'il conviendrait d'utiliser selon les spécialistes financiers). Malgré les risques d'ambiguïté, nous nous conformerons cependant à cette mauvaise habitude au sein de cet ouvrage en continuant à parler de prix de revient.

➤ **Posons le problème :**
Prenez une feuille de papier et calculez le « prix de revient » pour l'année en cours du service de consultation en salle de lecture ; quel est le prix de revient moyen d'une consultation ?
...

➤ **Autre exercice :**
Quel est le prix de revient annuel de fabrication de votre banque de données ? A combien revient, en moyenne, chaque notice bibliographique introduite ?
...

Quelques définitions

Un coût (= accumulation de charges entraînées par la réalisation d'un produit ou d'une prestation) se définit par...

— **Son objet :** le coût de quoi ? S'agit-il du coût de fonctionnement du centre de documentation, du coût de production d'un service télématique, du coût de commercialisation d'un bulletin d'information, du coût d'acquisition d'un ouvrage ?...

— **Son contenu :** depuis les achats de matières premières jusqu'à sa commercialisation, un produit subit différentes opérations. A chacune de ces opérations vont correspondre des charges qui vont se cumuler jusqu'à constituer le coût total du produit (ou encore coût complet ou « coût de revient »). Ainsi nous aurons un coût d'achat (prix d'un ouvrage par exemple) auquel s'ajouteront successivement un coût d'approvisionnement (coût du temps passé pour commander, réceptionner et contrôler la livraison), un coût de production (du fichier bibliographique par exemple) puis un coût de commercialisation (vente du produit bibliographique) et un coût de gestion (frais généraux de l'unité de travail).

— **Son mode de calcul :** s'agit-il d'un coût prévisionnel, élaboré avant la réalisation du produit, ou d'un coût réel, constaté, calculé après réalisation ?

— **Sa nature :** un coût est dit partiel lorsqu'une partie seulement des charges a été imputée au produit ou au service (par exemple uniquement la masse salariale et les coûts directs) ; il est dit complet si toutes les charges (coûts indirects, dont les coûts de structure notamment) sont prises en compte. Un coût de revient moyen est calculé en divisant le coût de revient complet d'un ensemble de produits par le nombre d'unités ou d'exemplaires vendus. Un coût marginal est le montant des dépenses nécessaires pour produire un objet de plus (par exemple, le coût moyen d'un exemplaire d'une bibliographie tirée à 1 000 exemplaires est de 25 F ; le coût marginal d'un exemplaire supplémentaire au delà de 1 000 sera par exemple de 10 F ; si la décision est prise de tirer 1 100 exemplaires au lieu de 1000, le coût moyen sera alors de 24 F).

✍ *Quand vous parlez de coût dans vos discussions ou dans vos écrits, il convient donc de préciser le type de coût dont il est question.*

Les coûts cachés

Il est courant de penser en coût initial et non en coût global. Par exemple, le coût d'un micro-ordinateur est généralement apprécié en fonction de son prix d'achat. Des études menées par EDF ont montré que les consommables et accessoires divers entrent en moyenne pour 6 % dans le prix de revient d'une telle machine (sur une période de trois ans). Prenons un autre exemple : les frais de sous-traitance. La facture du fournisseur sous-traitant ne reflète pas complètement le prix de revient de l'opération confiée ; il faut en effet inclure votre temps passé à rechercher le fournisseur (appel d'offres ou non), à la rédaction du cahier des charges et du contrat, aux réunions (parfois « nombreuses » en fréquence ou en nombre de personnes associées) nécessaires pour se mettre d'accord, les points obligés de contrôle, la recette des travaux, etc.

Calcul du prix de revient et approche fonctionnelle

Fondamentalement, le prix de revient est une accumulation des charges entraînées par la réalisation d'une activité ; ces charges peuvent être liées directement à l'activité ou provenir indirectement d'activités connexes sans lesquelles l'activité ne pourrait être réalisée.

Schématiquement, l'origine des charges à prendre en compte peut être illustrée de la façon suivante :

```
┌─────────────────────────────────────────────────────────────┐
│            Actions de direction et d'administration           │
└─────────────────────────────────────────────────────────────┘
```

Temps non facturable directement
mais intervenant dans le prix
de revient du produit
ou de la prestation (direction, commercial, technique).

Temps facturable.

Actions commerciales	Actions techniques	Actions de production
• Ecoute du marché	• Mise à jour du fonds documentaire	• Traitement des matières premières
• Définition des produits	• Maintenance des outils et des équipements	• Mise en forme des données
• Etude des coûts et suivi des recettes	• Conception des nouveaux produits	• Communication des résultats
• Suivi après-vente	• Perfectionnement du personnel	• Produit ou prestation

Comme toute entreprise, un centre de documentation doit assurer un certain nombre de fonctions spécifiques qui ne sont pas toujours directement liées à la réalisation du produit ou de la prestation. Néanmoins, elles interviennent sur le prix de revient : « au bulldozer », le prix de revient des produits et prestations correspond au montant global de l'ensemble des charges du centre de documentation.

En fait, pour le calcul du prix de revient, plusieurs méthodes sont possibles : addition des dépenses élémentaires (voir étude de cas n°1 à la fin du chapitre), utilisation des données de la comptabilité analytique (voir l'annexe 2 en fin d'ouvrage), etc.

Nous vous proposons une approche basée sur un découpage fonctionnel des activités.

ETAPE 1 : établir **le prix de revient global** du centre d'information. Ce prix de revient correspond au budget annuel du centre tel que nous l'avons défini au chapitre précédent ; il se compose des éléments suivants :

— les coûts en personnel (salaires + charges sociales) ;

— les coûts d'équipement (amortissement, location) ;

— les coûts d'acquisition de documents, de matières consommables, etc. ;

– les frais de sous-traitance ;

– les frais généraux, etc.

ETAPE 2 : faire **l'analyse fonctionnelle** du centre d'information. Il s'agit ici de décomposer les activités du centre en grandes « fonctions », c'est-à-dire en ensembles d'activités liées à un même objectif (par exemple: fournir des informations à la demande, constituer le fonds documentaire, etc. ; voir schéma page 72) ; il est important de distinguer les fonctions « productives » (activités liées directement à la réalisation d'un produit ou d'une prestation) des fonctions « non productives » (activités communes ou générales non liées directement à un produit ou une prestation) ; les dépenses correspondant aux fonctions non productives devront être ventilées entre les diverses fonctions productives selon une clé de répartition propre à votre centre.

> NOTA : Dans les grands centres, le découpage des équipes ne correspond pas toujours à un découpage fonctionnel des activités.

ETAPE 3 : décomposer chaque fonction en **opérations élémentaires** (voir exemple plus loin) ; chiffrer les temps passés pour chaque opération.

✍ *L'évaluation des temps passés n'est pas toujours facile à établir, notamment lorsque le travail est « haché » par des appels téléphoniques, des demandes impromptues de visiteurs, etc. Néanmoins, il faut les estimer aussi honnêtement que possible et respecter l'esprit à défaut de pouvoir appliquer la lettre.*

Pour effectuer ces mesures, il faut :

– une **nomenclature** des postes de travail et des compétences correspondantes ;

– une **base de temps** unitaire ; il est courant d'exprimer les résultats en « unité d'œuvre » (par exemple en « équivalent de demi-journées »). Selon la comptabilité et l'importance de la gestion pour le service, le relevé peut être journalier, hebdomadaire ou mensuel.

Dans la pratique, chaque personne doit disposer d'un formulaire avec une nomenclature des opérations sur lequel elle note le temps passé pour chacune d'elles.

Ce type de relevé pose un petit problème méthodologique : comment enregistrer les moments non productifs, c'est-à-dire :

– les temps de détente qu'il est nécessaire de prendre entre deux travaux afin de pouvoir se concentrer sur le suivant (une pause de 5 minutes toutes les heures est recommandée par les auteurs de l'ouvrage *Gérez votre stress*, Ed. Chotard et ass.) ; dans ce cas, vous comptabilisez le temps passé depuis l'instant où vous commencez à faire cette tâche (y compris les moments passés avec un utilisateur pour lui faire exposer son problème, par exemple) jusqu'à l'instant où vous amorcez un autre travail pour une nouvelle fonction ;

– les périodes de congés (y compris les absences exceptionnelles ou les congés de maladie). Dans ce deuxième cas, les temps de congés sont répartis proportionnellement entre les diverses fonctions pour le calcul des prix de revient, car le salarié est payé par son employeur, ce qui pèse sur

---

le prix de revient des activités (il en sera de même pour les périodes de formation, les temps consacrés à des réunions de coordination ou d'information générale, etc.).

Quelle « unité d'œuvre » prendre ? Selon le cas, chiffrer le temps passé...

— « au bulldozer » : à la journée ou à la demi-journée ;

— « à la louche » : à l'heure ;

— « à la cuillère » : au chronomètre.

Exemple de **fiche de relevé de temps** (relevé hebdomadaire)
unité de compte : la demi-journée

Nom du collaborateur : Mme X........
Semaine du .... au .... durée théorique : 10 demi-journées (temps plein)

Activités	lundi	mardi	mercredi	jeudi	vendredi	cumul
Participation à des réunions	1	-	-	1	-	2
Gestion financière	-	-	-	-	0,5	0,5
Colloques, journées d'étude	-	-	-	-	-	-
Mise à jour du fonds	-	0,5	-	-	0,5	1
Information des visiteurs	1	1	0,5	1	0,5	4
Prêt de documents	-	-	-	-	-	-
Recherches lourdes	-	-	1,5	-	-	1,5
Gestion des périodiques	-	0,5	-	-	0,5	1
Alimentation de dossiers	-	-	-	-	-	-
Indexation/analyse	-	-	-	-	-	-
Fourniture de photocopies	-	-	-	-	-	-
Absences/congés	-	-	-	-	-	-
Total						10

ATTENTION : il se peut qu'en faisant le cumul de tous les temps, vous constatiez une « incohérence » entre le total trouvé et le temps théorique déterminé ; il convient alors de rechercher les opérations sous ou sur-évaluées ou de détecter certaines opérations ou tâches non identifiées préalablement, puis de faire les réajustements nécessaires.

Une fois cumulés les temps passés par l'ensemble du personnel à chaque activité, calculer les pourcentages relatifs de ces temps pour chacune des activités productives (par exemple : dans un centre donné, pendant la période observée, l'activité « fourniture d'informations à la demande » représente 28 % du temps passé par le personnel à l'ensemble des activités productives).

ETAPE 4 : calculer **le prix de revient annuel du produit** d'information ou de la prestation.

■ « A la louche »

Celui-ci est obtenu en divisant le prix de revient global du centre d'information par le pourcentage de temps consacré par le personnel au produit en question.

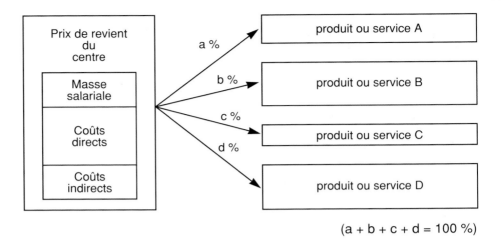

(a + b + c + d = 100 %)

▼ « A la cuillère »

Ce prix de revient est établi à partir :

– des frais de personnel calculés au prorata du temps passé ;

– des dépenses directes de fonctionnement associées au produit ;

– d'une quote-part d'utilisation d'équipements ayant servi à la production ou à la diffusion ;

– d'une part des coûts des activités communes dont la clé de répartition dépend, par exemple, du nombre et de l'importance respectifs des activités productives.

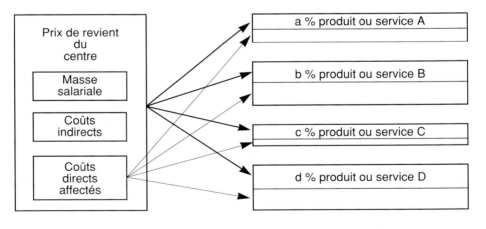

(a + b + c + d = 100 %)

ETAPE 5 : calculer **le prix de revient unitaire.**

Il est important de connaître le prix de revient moyen par exemplaire ou par utilisateur ; celui-ci est obtenu en divisant le coût de revient annuel du produit ou de la prestation par le nombre de numéros puis par le nombre d'exemplaires diffusés (cas d'un bulletin par exemple) ou par le nombre de questions traitées (cas d'un service questions-réponses).

NOTA : connaissant les prix de revient d'une part, et les recettes d'autre part, il est possible de calculer la marge (recettes moins prix de revient) correspondant à chaque niveau d'analyse : marge globale du centre d'information, marge de la fonction (du produit ou du service), marge unitaire. Celle-ci est la différence entre le prix de vente d'un produit ou d'une prestation et son coût de revient. Elle devrait être positive ou, à la rigueur, nulle pour chaque produit. Autrement, le centre serait en déficit (à moins de compensations sur d'autres produits) ce qui ne peut résulter que d'une politique volontariste de l'organisme qui gère le centre et non du centre lui-même (un centre en déficit est un centre en danger de mort).

Exemple d'approche fonctionnelle d'un centre documentaire

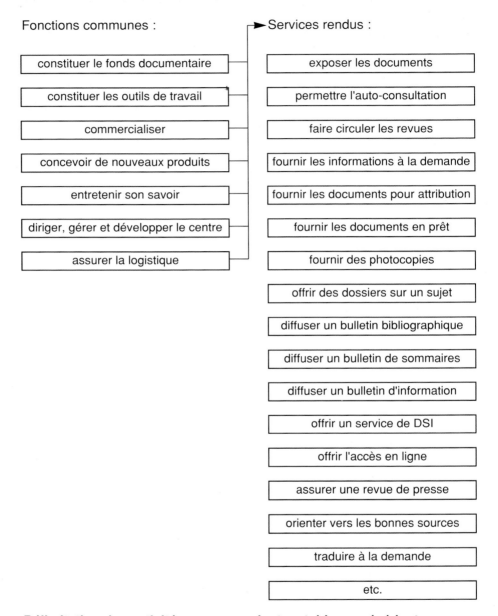

Fonctions communes :

- constituer le fonds documentaire
- constituer les outils de travail
- commercialiser
- concevoir de nouveaux produits
- entretenir son savoir
- diriger, gérer et développer le centre
- assurer la logistique

Services rendus :

- exposer les documents
- permettre l'auto-consultation
- faire circuler les revues
- fournir les informations à la demande
- fournir les documents pour attribution
- fournir les documents en prêt
- fournir des photocopies
- offrir des dossiers sur un sujet
- diffuser un bulletin bibliographique
- diffuser un bulletin de sommaires
- diffuser un bulletin d'information
- offrir un service de DSI
- offrir l'accès en ligne
- assurer une revue de presse
- orienter vers les bonnes sources
- traduire à la demande
- etc.

Délimitation des activités correspondant au tableau précédent

(Ne sont notées ici, à titre indicatif, que les principales tâches impliquées par la réalisation de l'activité).

- *Constituer le fonds documentaire* : équipement, locaux, temps et opérations consacrés à l'identification des sources et des fournisseurs de documents ; acquisition et traitement des documents en vue de leur stockage et de leur recherche ultérieure ; abonnements aux revues; rangement ; inventaire ; (le fonds peut être constitué de livres, de dossiers d'articles, etc.).

- *Constituer les outils de travail* : élaboration et mise à jour des fichiers manuels ou automatisés de recherche d'information, des catalogues et répertoires, production de banques de données.

- *Promouvoir et commercialiser* : rédaction et diffusion des documents de promotion, réunions de présentation ou de démonstration, communications à des congrès, animation de stands à l'occasion de salons, accueil de groupes d'utilisateurs potentiels.

- *Concevoir de nouveaux produits* : étude préalable à la réalisation d'un nouveau produit d'information ou à la réorganisation des prestations du centre d'information, réalisation de maquettes de démonstration.

- *Entretenir son savoir* : temps consacré par le personnel à la lecture des revues spécialisées en sciences de l'information, participation à des sessions de formation internes ou externes, à des congrès ou journées d'étude sur la documentation ou pour mieux connaître le domaine de travail de l'entreprise.

- *Diriger, gérer et développer le centre* : établir et enregistrer les statistiques, préparer ou suivre le budget, organiser le travail des subordonnés, participer aux réunions de service, recruter le personnel, commander et contrôler les équipements, réfléchir sur le développement du centre, assurer la liaison avec la direction de l'organisme ou les autres unités de travail.

- *Assurer la logistique* : correspond à ce qui est fourni par l'organisme (locaux, chauffage, etc.) et à la quote-part des frais généraux de l'organisme.

- *Exposer les documents* : réaliser des expositions temporaires de documents à l'intérieur de l'organisme, maintenir à jour des panneaux de présentation des nouvelles acquisitions, etc.

- *Permettre l'auto-consultation* : permettre le libre accès à des ouvrages, à des dossiers ou à des revues, accueillir le visiteur, ranger le document ou le dossier après consultation, contrôler (l'état, le vol...).

- *Faire circuler les revues* : constituer et mettre à jour le fichier des destinataires, mettre en circulation, contrôler (attention : l'abonnement et le stockage éventuel après retour sont affectés à la constitution du fonds, de même sont affectés à une autre fonction le travail d'extraction ou de photocopie pour constituer des dossiers de presse ou des dossiers documentaires permanents ou encore le travail de dépouillement pour constituer un fichier de recherche).

- *Fournir les informations à la demande* : accueillir le demandeur ou analyser le courrier, rechercher les informations et les documents, interroger les banques de données, fournir les renseignements oralement ou sous une forme écrite, facturer, expédier.

- *Fournir les documents pour attribution* (activité de librairie) : commander le document, contrôler sa livraison, retransmettre le document au demandeur, facturer, expédier.

- *Fournir les documents en prêt:* rechercher le document dans le fonds documentaire, l'expédier ou le remettre à l'utilisateur, enregistrer le prêt, récupérer le document après l'échéance, ranger le document, effectuer des prêts entre bibliothèques.

- *Fournir des photocopies :* sélectionner la partie de document à photocopier, manipuler la machine, assembler les photocopies, remettre ou expédier les photocopies au demandeur.

- *Offrir des dossiers sur un sujet* (par exemple : dossier de coupures de presse) : regrouper dans un dossier des documents de nature ou d'origine diverses, le mettre à la disposition du demandeur.

- *Diffuser un bulletin bibliographique* (par exemple : liste des acquisitions, bulletin signalétique ou analytique) : sélectionner les références (manuellement ou par interrogation de bases de données), les classer, les enregistrer ou les mettre en forme, traduire les titres, reproduire, diffuser, payer les frais postaux, mettre à jour la liste des destinataires, facturer les abonnements.

- *Diffuser un bulletin de sommaires :* sélectionner les revues, photocopier les sommaires, reproduire, assembler, diffuser, mettre à jour la liste des destinataires.

- *Diffuser un bulletin d'information* (avec une partie rédactionnelle, flash, nouvelles brèves diverses, etc., la partie bibliographique étant mineure) : mettre en forme les informations, reproduire, diffuser, mettre à jour la liste des destinataires.

- *Offrir un service de DSI :* interroger des banques de données ou sélectionner des informations, affecter les indices de sélection, mettre en forme, diffuser.

- *Offrir l'accès en ligne :* quote-part de mobilisation de la mémoire ou frais d'implantation sur serveur, rédaction du manuel d'interrogation, formation des usagers.

- *Assurer une revue de presse :* surveiller dans les journaux et revues les mentions de l'organisme ou de ses produits, découper, coller ou mettre en forme, reproduire, remettre à l'intéressé.

- *Orienter vers les bonnes sources :* rechercher les adresses, renseigner.

- *Traduire à la demande :* traduire tout ou partie de document, dactylographier, remettre au demandeur.

Comme nous l'avons vu, cette démarche fonctionnelle préalable aide à délimiter les produits et à identifier les activités communes, dont une quote-part du coût devra être imputée au produit étudié.

L'approche fonctionnelle que nous avons présentée est l'une des méthodes envisageables lorsqu'on effectue une étude concernant l'ensemble des activités documentaires. Dans certains cas, il est possible de « zoomer » sur une activité précise à un moment donné, sans tenir compte des autres activités. **Les études de cas ci-après vous permettront de voir la variété des approches possibles.**

Prix de revient et comptabilité analytique

Alors que la comptabilité générale permet de suivre les grands postes de dépenses et de recettes au niveau de l'organisme indépendamment de l'entité qui a engagé la dépense ou qui bénéficie de la recette, la comptabilité analytique est un **système d'information spécifique à chaque organisme** et qui a pour but de présenter service par service ou produit par produit (on parle de « section analytique ») l'ensemble des recettes et dépenses correspondantes.

C'est **un outil de gestion** qui permet d'aboutir au calcul des prix de revient et qui concerne plus directement les services opérationnels. L'utilisation de la comptabilité analytique est plus fréquente dans les entreprises que dans l'administration, mais elle se répand avec la notion de « centre de profit ».

Nous donnons en annexe, à la fin de l'ouvrage, quelques informations complémentaires sur la conception et l'organisation de cet outil ainsi que quelques exemples.

Evaluer un projet

Evaluer un projet, c'est *anticiper,* c'est-à-dire, à partir de l'expérience passée et des connaissances acquises, **imaginer** toutes les tâches et opérations nécessaires à la réalisation complète du projet ainsi que leur enchaînement ; c'est estimer le temps passé à chacune d'elles et les coûts associés (fournitures, sous-traitance, etc.) ; c'est prendre en compte les coûts indirects et les coûts « cachés » ; c'est savoir qu'une personne ne se consacre jamais à son activité principale huit heures par jour, 365 jours par an (il y a les délais de recrutement, les congés ordinaires et exceptionnels, les périodes de formation, les réunions de coordination et d'information générale, le temps de rédaction des notes et rapports, les visiteurs annoncés et non annoncés…).

Evaluer un projet, c'est tenir compte de l'imprévu et prévoir une « marge » de sécurité.

 ## Etudes de cas

 CAS N°1

Le coût d'acquisition d'un ouvrage
(fonction de librairie)

On se place ici dans le cas simple où le demandeur a déjà identifié la référence de l'ouvrage (parce qu'il en a pris connaissance dans une revue ou un bulletin ou par l'intermédiaire d'un collègue).

Opérations à prendre en compte :

• **Commande :** accueil de la demande (dialogue avec l'usager par téléphone, note écrite, visite) ; transcription éventuelle de la demande ; vérification de la non-existence de l'ouvrage dans la bibliothèque (consultation du catalogue interne ou exploration des rayonnages) ; recherche de l'adresse de l'éditeur ou du libraire fournisseur ; recherche éventuelle du prix ; rédaction du bon de commande et expédition ; enregistrement de la commande sur le registre des commandes ou classement du double du bon de commande (référence de l'ouvrage et référence du demandeur)...

• **Réception et fourniture** : réception de l'ouvrage (tri du courrier et déballage) ; pointage sur le registre des commandes ou recherche du double du bon de commande ; enregistrement de l'ouvrage dans le catalogue interne (référence de l'ouvrage et indexation, duplication des fiches et classement dans un fichier manuel ou saisie sur ordinateur) ; emballage éventuel et expédition au demandeur ou contact pour le faire venir. Ceci n'inclut pas les aller et retour éventuels en cas de rupture de stock.

• **Règlement financier** : émission d'un bon d'engagement de dépenses ; réception de la facture ; contrôle avec le bon d'engagement de dépenses, le bon de commande, ou l'état des livraisons ; émission du chèque et expédition au fournisseur, imputation éventuelle au service demandeur.

L'ensemble de ces opérations représente, à titre indicatif, une moyenne de 20 mn (personnel spécialisé disposant des outils à portée de main et utilisant des bons de commandes à feuillets multiples ou un système informatisé intégré) à 45 mn (service traditionnel manuel). Sur la base d'un coût analytique de 3 000 F par jour (salaire, charges sociales, frais généraux d'encadrement, de locaux, de logistique...)[1] avec l'amortissement éventuel des équipements ou des outils, il faut compter un coût de 130 à 300 F HT par ouvrage commandé.

A cela s'ajoute le coût de l'ouvrage proprement dit.

Vous devez aussi ajouter des coûts supplémentaires (référence incomplète nécessitant une recherche dans divers instruments bibliographiques, relance du fournisseur si les délais s'avèrent trop longs, rangement de l'ouvrage après lecture et restitution par le demandeur, quote-part du rayonnage, rédaction et frappe d'une analyse sur la fiche catalographique...) soit facilement 20 à 160 F en plus.

OBSERVATIONS

Un livre ou une brochure « gratuits » coûtent de toute façon de l'argent ; n'oubliez pas le temps de négociation pour obtenir la gratuité, les frais de fabrication et d'envoi de documents en échange ou l'obligation de signaler l'ouvrage avec un résumé dans un bulletin d'information (service de presse). En l'absence de référence, estimez la valeur des échanges au coût du document que vous donnez.

A noter enfin que le stockage de l'ouvrage coûte ensuite chaque année (qu'il soit lu ou non, ou emprunté par d'autres personnes) : quote-part des rayonnages et des locaux - vos locaux supportent un loyer -, inventaires périodiques... (ce que certains appellent le « coût de possession »).

Compte tenu de toutes ces composantes de coût, il y a tout intérêt à rationaliser au maximum les opérations (saisie unique des données pour des usages multiples, par exemple) et à supprimer certaines opérations pour les ouvrages peu onéreux ou ne méritant pas d'être stockés. N'oubliez pas non plus que l'informatisation des grands centres vous permet d'acheter des supports informatisés contenant des références standard. Comparez les coûts, surtout si vous manquez de personnel.

(1) Voir exercice n°4 et son corrigé pour le calcul du prix de revient d'un professionnel de l'information.

CAS N°2

Le coût direct d'un prêt interbibliothèque et d'une photocopie pour le centre qui répond à une demande

Selon les caractéristiques de votre centre, le temps nécessaire à la réalisation de ces activités peut être évalué de façon détaillée. Si le salaire annuel (charges sociales et patronales incluses) est d'environ 120 000 francs pour un agent d'exécution (AE) et de 160 000 francs pour un agent de maîtrise (AM) ; leur salaire à la minute (une année = 60 mn × 8 heures × 220 jours travaillés, soit environ ou un peu plus de 100 000 minutes) est respectivement de 1,2 F et de 1,6 F (entre parenthèses, une pause café de 5 minutes coûte donc de 6 à 8 F en sus du prix du breuvage).

Connaissant le coût des photocopies et des frais de port et d'emballage, vous pouvez en déduire facilement le coût de ces opérations pour le prêteur.

• Prêt interbibliothèque

Au départ :

a) Rechercher la cote de rayon : 5 minutes d'AM = 8 F
b) Sortir et empaqueter le document :10 minutes d'AE = 12 F
c) Affranchir et emballer : 5 pages = 5 F; pour 96 pages : = 16 F
d) Enregistrer et suivre le prêt : 5 minutes d'AM = 8F

Au retour :

e) Contrôler et remettre en rayon le document : 5 minutes d'AE = 6 F
f) Clore le prêt : 1 minute d'AM = 1,6 F

soit au total, pour un document de 5 pages dans le cas considéré : 40,6 F
pour un document de 96 pages : 51,6 F

• Photocopie d'un document

a) Rechercher la cote de rayon : 5 minutes d'AM = 8 F
b) Sortir et remettre en place le document :10 minutes d'AE = 12 F
c) Photocopier le document :   pour   5 pages,   3 minutes d'AE = 3,6 F
                                                pour 96 pages, 30 minutes d'AE = 36 F
d) Empaqueter et expédier les photocopies : 5 minutes d'AE = 6 F
e) Coût des photocopies : pour 5 pages =1,5 F ; pour 96 pages = 28,8 F
f) Frais de port et d'emballage : pour 5 pages = 5 F ; pour 96 pages = 16 F

soit au total, pour un document de 5 pages : 36,1 F ; pour un document de 96 pages : 106,8 F

Dans ces deux cas, nous n'avons pas tenu compte des frais généraux, du coût des magasins, etc.

CAS N°3

L'interrogation de banques de données

• Problématique du cas

Pourquoi chercher à connaître le coût de cette activité ?
– pour établir le prix du service rendu à facturer au « client » (en évitant si possible de perdre de l'argent) ;
– pour comparer le prix de revient de cette modalité de recherche d'information à celui d'autres voies de recherche (outils manuels ou sous-traitance à des agences spécialisées) ;
– pour situer cette activité par rapport à d'autres et faire des choix de développement de prestations.

Mais dans tous les cas, le but est de connaître le prix de revient le plus exactement possible.

Il faut ensuite fixer les limites de ce que l'on entend par « interrogation de banques de données » et se poser des questions : cela concerne-t-il toutes les consultations qui sont faites dans l'entreprise (ce qui posera des problèmes particuliers de mesure que nous n'aborderons pas ici) ou seulement dans le centre de documentation pour le compte de clients ? Les interrogations en question concernent-elles seulement les banques de données bibliographiques ou également les textuelles, les factuelles, les répertoires, les statistiques ?...

Le temps passé à la recherche d'information doit non seulement inclure celui consacré spécifiquement à l'interrogation mais aussi le temps passé avec les utilisateurs pour comprendre leur problématique, les aider à formuler leur question, leur communiquer les résultats obtenus, etc.

Essayez de préciser avec rigueur ce que vous décidez de mesurer : rappelons en particulier que s'il est envisagé de procéder à cette opération de calcul de coût pour toutes les activités, il convient de ne pas prendre en compte deux fois la même dépense.

A ce stade, vous pouvez connaître le prix de revient de l'activité « interrogation » sur une année (coût global).

• Evaluation des coûts

L'étape suivante consistera à calculer le coût d'une interrogation « moyenne » (coût unitaire).

Deux méthodes d'évaluation des coûts sont possibles :

● Dans le premier cas (« au bulldozer »), vous imaginerez l'importance et le volume de toutes les composantes de cette interrogation moyenne et vous en estimerez les coûts. Cette méthode, peu précise, permet d'obtenir une estimation grossière, mais non dénuée de fondement, du coût d'une interrogation.

■ La deuxième méthode (« à la louche ») consiste à estimer l'ensemble des dépenses pour la fonction interrogation comme nous l'avons présenté dans la première partie de cet ouvrage. Les éléments à prendre en compte sont :

• *Le personnel :* à défaut d'un relevé systématique des temps passés au sein de l'unité de travail, mesurer le temps consacré à cette activité spécifique et le multiplier, pour chaque catégorie de personnel impliquée, par la masse salariale correspondante. Ce qui donne le coût salarial. Ces relevés de temps doivent être faits sur une période d'au moins un mois pour diminuer l'influence des variations journalières ; le mieux est de le faire sur toute une année, afin de tenir compte des périodes de congés ou d'activité réduite.

• *Les dépenses d'interrogation :* affecter en totalité les coûts directs liés à l'interrogation des banques de données, à savoir les factures en provenance des serveurs (coûts de télécommunication, d'abonnements, de consultation, d'éditions en différé sans oublier les achats de manuels ou de thésaurus, les sessions de formation, etc.). Dans le cas des services accessibles par le kiosque, on fera une estimation à partir des relevés des temps de connexion et des tarifs propres à chaque palier (dès la connexion sur Télétel, avant de taper le code du service, prenez l'habitude de taper *Sommaire* pour voir afficher le coût au fur et à mesure de la consultation ; mais pour les hauts paliers, il vous faut chronométrer).

• *Les consommables :* sauf dans le cas où il existe une comptabilité analytique, on obtiendra le coût des consommables par un système de répartition entre les diverses activités du centre de documentation une fois par an.

• *Les locaux :* estimer grossièrement les coûts correspondant au prorata de la surface consacrée à cette activité.

• *Les équipements :* il faut commencer par faire l'inventaire de ceux qui servent à l'activité en cause (ne pas oublier chaises, terminal ou micro-ordinateur, imprimantes, supports, etc.). Estimer les coûts correspondants au prorata de leur utilisation pour l'activité donnée. *Nota :* seuls seront retenus des matériels qui ne sont pas considérés comme amortis par les services gestionnaires de l'entreprise ou de l'administration.

• *Les frais généraux :* incorporer une part des frais liés à la gestion de l'entreprise (cf. la clé de répartition utilisée dans votre organisme) ; de même il est nécessaire de prendre en compte une part proportionnelle des coûts correspondant à la gestion du centre de documentation, et aux services généraux ou communs aux différents services.

En résumé, le coût de l'activité « interrogation des banques de données » est la somme de ces coûts pendant la période de temps considérée. Ce coût est à diviser ensuite par le nombre d'interrogations facturées pendant cette même période pour obtenir un coût moyen unitaire.

 CAS N°4

Le développement d'un service télématique vidéotex (environ 200 « écrans » avec quelques graphismes)

• Période de calcul

Le coût calculé ci-dessous correspond aux frais engagés depuis le lancement de l'idée (« pourquoi ne pas rendre accessibles certaines informations auprès de tel public ? ») jusqu'à la date d'ouverture du service au public (première campagne de promotion incluse).

• Liste des principales composantes du prix de revient

– développement du système : délimitation du projet, réunions diverses avec la Direction et les autres départements concernés au sein de l'organisme, conception générale du service, appel d'offres auprès de prestataires ;
– acquisition des données : identification des documents utiles, collecte et sélection des données, recherche de graphismes ;
– traitement des matières premières : rédaction des « écrans », élaboration de l'arborescence.

• Estimation des dépenses, « au bulldozer »

L'ensemble des opérations décrites ci-dessus a consisté essentiellement en « temps passé » : équivalent de 30 demi-journées (6 demi-journées par chef de projet et 24 par documentaliste), soit au total 46 000 F HT en incluant salaires, charges sociales, quote-part de frais généraux et de logistique.
– Mémorisation : saisie des « écrans » (texte + graphismes) et enregistrement sur l'ordinateur serveur ; ces opérations ont été sous-traitées à des sociétés spécialisées ; soit une facture de 39 700 F HT.
– Promotion et commercialisation (essentiellement du « temps passé ») : équivalent de 18 demi-journées, soit 31 500 F HT.

• Calcul du prix de revient global

46 000 F + 39 700 F + 31 500 F soit un prix de revient global de 117 200 F HT (1990).

 CAS N° 5

Le CD-Rom

• Le point de vue du producteur

Comme pour tout autre produit d'information, il faut distinguer les frais d'investissement des frais de fonctionnement et avoir en tête l'ensemble des étapes à franchir pour passer du projet à la réalisation.

Les étapes et les composantes relatives à la réalisation d'un produit d'information sur CD-Rom sont les suivantes :
– étude du marché et des besoins, et stratégie vis-à-vis des autres supports ;
– production des données ;
– production des logiciels de gestion des données sur le disque ;
– conception du service rendu (définition des fonctionnalités et des outils d'aide à la consultation, organisation des données, etc.) ;
– matriçage, pressage ;
– édition, promotion ;
– distribution (des équipements, du produit d'information) ;
– suivi de la clientèle.

La conception et la réalisation d'un premier disque CD-Rom constituent un investissement relativement important. Le prix de revient dépend notamment :

– de la forme sous laquelle les informations existent (sont-elles déjà informatisées ou non, sous forme structurée ou non, textuelles ou graphiques, etc.) ;

– du degré d'adaptation à un logiciel existant ou de la nécessité de développer un logiciel spécifique ;

– du nombre d'exemplaires de disques pressés (édités).

Le prix de revient annuel du produit d'information ainsi diffusé dépend aussi de la fréquence des mises à jour ou des rééditions (la réactualisation, à capacité égale, s'effectue à un prix nettement inférieur à celui de la première édition mais n'est pas négligeable).

A cela s'ajoutent les frais de promotion et de commercialisation, sans négliger les frais d'avant-vente (vendre le support et la nouvelle technologie autant que le produit lui-même et son contenu) et d'après-vente (par exemple, aider le client à résoudre les éventuels problèmes de connexion du lecteur ou de compatibilité de versions d'un logiciel).

Indépendamment du coût initial de collecte et de saisie des données, des coûts de 1 à 3 millions de francs sont fréquents pour une première édition. Cependant, il est prouvé que dans un certain nombre de cas une solution « diffusion sur CD-Rom » peut être 3 à 5 fois moins chère qu'une solution « diffusion sur papier ».

• Le point de vue de l'utilisateur

Le catalogue des titres de disques compacts de type CD-Rom s'étoffe de jour en jour et tous les organismes seront amenés, tôt ou tard, à en acquérir pour élargir leurs outils d'accès à l'information.

Le prix de revient de l'utilisation d'un CD-Rom prend en compte trois composantes : l'équipement, le produit, le temps passé.

Pour consulter un outil d'information sur disque CD-Rom, l'utilisateur doit disposer :

– d'un micro-ordinateur ;
– d'un lecteur de CD-Rom connecté au micro-ordinateur ;
– d'un logiciel de recherche.

Le coût d'un micro-ordinateur est de l'ordre de 20 000 F (1990) avec son disque dur (pour installer le logiciel et décharger éventuellement des données) et une imprimante ordinaire. Ce coût peut être plus élevé si vous devez lire des CD-Rom qui comportent des images numérisées ou vectorisées : écran couleur avec carte EGA ou VGA (au minimum), voire écran pleine page ou double page haute définition, plus imprimante laser.

Le coût d'un lecteur de CD-Rom varie de 4 000 F à 10 000 F (1990) selon qu'il s'agit d'un lecteur externe ou interne, d'un lecteur monodisque ou multidisques...

La prise en compte de ce coût d'équipement est à moduler en fonction :
– de la durée retenue dans votre organisme pour l'amortissement des équipements informatiques ;

– de l'usage que vous allez faire du CD-Rom : cet équipement va-t-il être dédié à la consultation des disques CD-Rom (cas d'un ordinateur en serveur local ou d'un poste de travail consacré à la recherche d'information en libre-service dans une bibliothèque) ou va-t-il être partagé avec d'autres utilisations (bureautique, de gestion...) ?

Il faut ajouter une quote-part de frais généraux liés aux locaux : il vous faut de la place pour poser votre micro-ordinateur et ses périphériques et pour stocker votre collection de disques CD-Rom (avec leurs manuels d'utilisation, les dossiers relatifs aux fournisseurs, etc.);

Le coût d'acquisition d'un disque CD-Rom est évidemment variable selon les titres : certains sont vendus à l'unité, et chaque nouvelle édition doit être achetée, d'autres sont vendus sous forme d'abonnement annuel, d'autres ont des tarifs différents selon que l'usage est monoposte ou sur réseau local. Comptez entre 1 000 F et 15 000 F.

Le coût du logiciel de consultation est généralement inclus dans le prix de vente du disque CD-Rom, mais ce n'est pas toujours le cas (prévoir alors un coût compris entre 600 F et 10 000 F).

Le temps passé devant le poste de consultation : il doit être pris en compte comme vous le prendriez en compte pour l'interrogation en ligne d'une banque de données ou la consultation d'outils imprimés.

■ Exemple « à la louche » : prix de revient de l'heure de consultation d'un CD-Rom bibliographique vendu 10 000 F (abonnement annuel) et consulté en moyenne 2 heures par jour :
– équipement avec lecteur : 27 000 F à l'achat, amorti sur 3 ans, soit 9 000 F pour l'année ; il est supposé être partagé avec d'autres utilisations à raison de 25 % du temps pour la consultation du CD-Rom, soit 9 000 F divisés par 200 jours, par 25 % = 10 F pour 2 h. ;
– disque : 10 000 F divisés par 200 jours = 50 F (à répartir sur les 2 heures de consultation) ;
– temps passé (frais de personnel incluant les frais généraux) : 3 000 F par jour divisés par 8 h. soit 375 F ; soit au total : 375 + 5 + 25 = 405 F de l'heure.

Pour un usage moyen de 2 heures par jour, la part de l'équipement et de l'acquisition d'un disque est relativement négligeable. Dans cet exemple, le prix de revient de la consultation est nettement inférieur à celui de l'interrogation en ligne pour une durée équivalente. Ce ne serait pas vrai pour un usage plus occasionnel.

 CAS N° 6

Coût global des activités d'information

La fonction information est :

– diffuse : une secrétaire « informe » son patron ;
– mal définie : un repas d'affaires peut être considéré comme un mode d'acquisition de l'information ;

– difficilement quantifiable : un ingénieur en une après-midi de colloque au bord de la mer peut en apprendre plus qu'en trois mois de dépouillement de bulletins signalétiques ;
– souvent dépréciée : seuls la CIA et le KGB savaient la payer.

L'information coule et croule de partout ; on ne peut se limiter au suivi de l'activité du centre de documentation pour calculer le coût de tout ce que dépense l'organisme dans ce domaine.

En effet, hormis le cas où l'unité de travail est confondue avec l'organisme lui-même (cas d'une entreprise d'information, comme peuvent l'être les « brokers » ou diverses sociétés de services), il est rare que l'unité de travail appelée « service de documentation » (ou d'un nom similaire) traite l'ensemble de la documentation mobilisée au sein de l'organisme.

• Vers une approche fonctionnelle des activités d'information

Pour exister, une entreprise a besoin d'un bâtiment, d'équipements, de matières premières, d'argent, d'énergie et... pour la faire vivre, les hommes ont besoin d'information. De même que certains gestionnaires cherchent à mesurer le coût de l'énergie ou des matières premières, il est intéressant de maîtriser l'ensemble des coûts liés à l'information.

Il y a des organismes qui n'ont pas de service de documentation et qui dépensent pourtant beaucoup dans ce domaine. D'autres ont délibérément « éclaté » l'activité documentaire en décentralisant la recherche d'information au niveau de chaque équipe.

Même dans le cas où l'organisme dispose d'un service de « documentation », le personnel fait bien souvent appel à d'autres fournisseurs d'information. Parfois le service de documentation se réduit à la gestion d'une bibliothèque (traitement des ouvrages et des revues). Les autres « documents » tels que les brevets, les normes, les catalogues industriels, etc. sont alors traités directement par les utilisateurs ou par des services techniques spécialisés.

Il faut aussi prendre en compte les informations créées ou commandées spécialement pour un service particulier telles que les études de marché, les études financières ou juridiques, les expériences ou les essais de laboratoire.

Le prix de revient de la structure « service de documentation » ne couvre donc qu'une partie relativement faible du prix de revient de l'activité ou de la fonction « information-documentation ».

Il faut avoir le courage de se livrer à une investigation pour :

– avoir une conscience plus claire des investissements faits par l'organisme en la matière ;
– rendre plus explicite une série de dépenses dispersées et qui, pourtant, concourent à la même finalité ;
– orienter les choix en matière de « canaux » d'information ;
– se situer par rapport à des entreprises similaires, voire concurrentes (mais il est rare d'avoir connaissance de ce type de chiffres).

• Identifier et recenser les diverses dépenses

Il est sans doute difficile d'assurer un suivi régulier de ce genre de dépenses mais une étude ponctuelle, et renouvelée périodiquement, devrait suffire à obtenir un ordre de grandeur. Vous pouvez travailler « au bulldozer » ou « à la louche ». Il est possible de procéder par enquête auprès des divers départements de l'organisme en essayant d'identifier et de quantifier :

– les acquisitions de documents qui ne feraient pas l'objet d'une commande centralisée ;

– les interventions de sociétés externes orientées vers le transfert d'informations (conseils juridiques en propriété industrielle, en créativité, etc.) ;

– les participations à des foires, expositions, colloques, journées ;

– les interrogations directes de services télématiques (part dans la consommation téléphonique).

Exemple de coût annuel de la fonction « information-documentation » (cas d'un fabricant de produits de grande diffusion) :

Revues générales et spécialisées

Direction générale	4 640 F
Direction commerciale	2 660 F
Direction technique/ Recherche	12 180 F

Livres

Dictionnaires spécialisés, annuaires, normes,
ouvrages techniques et de gestion, manuels de
banques de données (toutes Directions) ———————— 10 730 F

Banques de données/Études documentaires

Recherches sur serveur Questel	7 250 F
Étude documentaire par ARIST	14 500 F
Étude par centre technique (recherches)	116 000 F

Déplacements

Salons, conférences, etc.	43 500 F

Études de marché

Direction commerciale	202 000 F

Conseil en créativité

Direction commerciale	290 000 F
Sous-total	703 460 F
Temps passé par les divers opérateurs (estimation)	300 000 F
TOTAL	1 003 460 F

Si le service de documentation ne s'occupe que des achats de livres, il ne voit qu'une faible partie de l'iceberg !

Par ailleurs, connaissant le coût des activités d'information et de documentation, il est intéressant de le comparer au coût d'autres activités de l'organisme (recherche et développement, communication et promotion...), voire de le rapporter au budget global de l'organisme ou au chiffre d'affaires (dans notre cas 200 000 KF, soit un ratio de 0,50 %).

Il est évident que ce ratio ne peut être le même partout : une entreprise spécialisée dans l'ingénierie et faisant appel à des techniques de pointe consacre une part plus importante à l'information qu'une entreprise essentiellement orientée vers la fabrication de produits classiques (cette part peut aller de 0,30 % à plus de 20 % du chiffre d'affaires ou du budget annuel).

Les enquêtes ont montré que l'information « appelle » l'information : plus les entreprises sont sensibilisées à son intérêt vital, plus elles diversifient les moyens d'accès et de traitement de celle-ci.

Investir dans l'information est un critère de dynamisme. Traquer toutes les dépenses d'information revient à donner une meilleure image de votre organisation.

CHAPITRE 5

Comparer et choisir _____

Tous les jours un responsable doit faire des choix : choix d'un fournisseur, choix d'une méthode de travail, choix d'un équipement, choix d'une solution technique, choix d'un réalisateur (faire ou sous-traiter), choix d'un financement (louer ou acheter), etc.

Pour faire le bon choix, il faut disposer d'un minimum de données : informations de nature technique mais aussi de nature économique, etc. Connaître les prix de revient constitue une aide à la prise de décision.

Plutôt qu'une démarche théorique, nous vous proposons d'aborder le sujet à travers quelques exemples.

Cas « au bulldozer » : bulletin ou DSI ?

Prenons un centre de documentation qui produit une banque de données bibliographiques à usage interne. Si une analyse du marché montre l'utilité de signaler régulièrement les nouveaux documents parus, il existe plusieurs produits remplissant cette fonction. Quelle solution choisir ?
– Le bulletin des sommaires ?
– La publication d'un bulletin bibliographique ?
– La mise en place d'un service de diffusion sélective (DSI) ?...

La production de l'information de base (acquisition des documents, indexation, attribution des codes de classement, saisie des données, contrôle de la qualité, etc.) reste la même quelles que soient les modalités de diffusion. Leurs coûts n'influent donc pas au niveau du choix.

• Bulletin bibliographique

Il est établi par extraction périodique de références à partir de la base de données. Ce bulletin mensuel d'environ 200 pages (références et résumés) peut satisfaire une clientèle estimée à 100 destinataires :

Vingt mille pages à tirer (200 × 100) à 0,15 F la feuille	3 000 F
Couverture et encolage 100 exempl. × 3 F	300 F
Frais de personnel pour manipulation (environ 5 h)	390 F
Sous-total	3 690 F
TVA 18,6 %	664 F
Frais postaux : 100 × 15,40 F (tarif non urgent)	1 540 F
TOTAL	5 894 F TTC

AVANTAGE : un seul document à produire, à diffuser et aussi à consulter ; présence d'index.

INCONVÉNIENT : encombrement du destinataire qui n'est probablement pas intéressé par tout le contenu du bulletin et doit passer du temps à identifier ce qui l'intéresse (même s'il est aidé par un plan de classement et par un index).

• Service de DSI

On peut raisonnablement supposer que les cent destinataires ci-dessus ont des préoccupations partiellement différentes (qui peuvent être caractérisées, par exemple, par une série de mots-clés spécifiques) et qui constituent autant de « profils » ; que les références bibliographiques qui les intéressent occupent en moyenne 10 pages par profil (certaines références étant communes à plusieurs « profils ») ; soit 100 profils individuels de 10 pages.

Mille pages à tirer ; en admettant que le prix de revient de la feuille soit double du cas précédent à cause du faible tirage :

1 000 × 0,30 F	300 F
Frais de couverture et d'agrafage	300 F
Frais de personnel pour manipulation (environ 5 h)	390 F
Sous-total	990 F
TVA 18,6 %	178 F
Frais postaux : 100 × 3,80 F (tarif non urgent)	380 F
TOTAL	1 548 F TTC

AVANTAGE : l'usager n'a pas besoin de suivre un cours de lecture rapide.

INCONVÉNIENT : le lecteur s'isole dans sa spécialité et se prive des avantages de ce qu'on appelle la « fertilisation croisée ».

– Voir tableau page suivante –

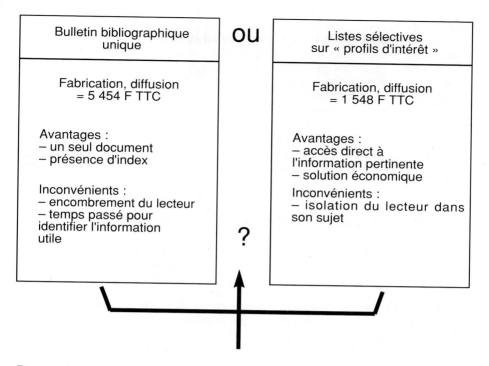

Dans notre cas, avec nos hypothèses, nous constatons au niveau des coûts directs, et sans compter les frais de commercialisation et de promotion, un rapport de 1 à 4 entre les deux solutions.

Pour couvrir les frais de production de la base de données et les charges de structure du centre, il est plus facile de vendre plus cher proportionnellement le profil que le bulletin.

Cas « à la louche » : restructuration d'une DSI

Prenons cette fois-ci le cas de la Société Doc & Cie : celle-ci étudie (en 1990) la modification d'une chaîne de production d'un système de DSI créé en 1985.

Données quantitatives : 10 000 DSI par mois (environ 22 000 pages), avec une moyenne de 8 profils par client (1 200 clients) ; il y a 8 envois par an.

• Ancienne chaîne :
– extraction de la banque de données chaque mois ;
– fourniture d'une bande magnétique à l'imprimeur ;
– extraction des profils ;
– mise en page par profil ;
– photocopie en fonction du nombre des abonnés ;
– conditionnement manuel.

Prix de revient (direct) : 565 000 F par an (1985) soit *470 F par client.*

• Nouvelle chaîne :
– extraction de la banque de données chaque mois ;
– fourniture d'une bande magnétique à l'imprimeur ;
– composition au kilomètre ;
– extraction des profils par client ;
– impression sur imprimante laser avec incorporation d'adresses ;
– conditionnement automatique.

Prix de revient (direct) : 340 000 F par an (1990) soit *283 F par client.*

Cette solution, qui a permis de réduire le nombre des opérations de manipulation donc les temps passés et les coûts, présente en outre les avantages suivants pour l'utilisateur : réduction des délais et amélioration de la qualité de présentation.

Cas « au bulldozer » : diffusion de périodiques

Comment « mettre en relation » des lecteurs potentiels avec des périodiques (et leur contenu) ? En tenant compte du personnel documentaire disponible, de la qualification de ce dernier, des équipements en place, des locaux mis à disposition, du budget à consacrer à cette prestation, des habitudes des utilisateurs... Il y a au moins sept solutions techniques possibles :
– exposition sur un présentoir du dernier numéro reçu ;
– circulation des périodiques selon une liste : chaque numéro reçu est envoyé par courrier interne à une série de destinataires qui ont manifesté préalablement leur intérêt pour le titre ;
– diffusion d'un « bulletin de sommaires » à tous les usagers ;
– diffusion sélective des articles : un documentaliste diffuse les articles en fonction des centres d'intérêt exprimés préalablement par les usagers ;
– abonnement direct de chaque lecteur aux revues qui l'intéressent ;
– alimentation d'une base de données avec édition périodique d'un bulletin permettant de commander les articles souhaités ;
– enregistrement systématique des périodiques sur support optique avec possibilité de sélection, de visualisation et d'impression à distance.

Ces 7 solutions (retenues parmi les 27 imaginées par un groupe de créativité ayant travaillé sur ce thème) n'offrent pas, bien sûr, le même service à l'usager. Elles n'impliquent pas non plus les mêmes « contraintes » pour le centre de documentation. ATTENTION : une solution peu coûteuse pour le centre de documentation peut se révéler très coûteuse globalement pour l'organisme. Le choix final résultera de la pondération qui sera donnée à chacun des avantages et inconvénients attribués à ces solutions : le critère économique est en effet important (il faut être capable de l'évaluer) mais il n'est pas le seul. Essayez de déterminer toutes les opérations élémentaires de ces diverses solutions et de calculer « au bulldozer » le prix de revient de chacune d'elles.

Cas « à la louche » : faire ou « faire faire »

Les documentalistes ont souvent tendance à tout vouloir faire et à trouver les produits du marché trop chers. Prenons le cas d'un maire qui se fait confectionner une revue de presse personnelle. Un documentaliste y consacre 2 heures par jour et dépouille 5 quotidiens pour seulement suivre ce qui est dit sur la commune.

Achats de journaux par jour _____ 20 F

Salaire du documentaliste 1,6 F la minute × 60 × 2 _____ 192 F

Total _____ 212 F

Prix de revient sur une moyenne de 220 jours par an : 212 F × 220 = 46 640 F

Si, en comparaison, l'achat de la même prestation auprès d'une société spécialisée est de 10 000 F par an (ce qui peut paraître cher à première vue), il faut que le documentaliste se lève très tôt pour justifier la différence de prix !

Connaître les coûts de revient par activité permet de savoir s'il est plus avantageux ou non de **sous-traiter certaines opérations** : n'investissez pas dans du matériel coûteux qui sera sous-utilisé et préférez faire appel à une société de services spécialisée qui aura une productivité supérieure (cas des travaux d'imprimerie, des travaux de numérisation, etc.). Il en est de même souvent pour les travaux de traduction ou d'analyse. Il peut être plus intéressant d'acheter (par déchargement, par exemple) des notices bibliographiques que de les réaliser soi-même. Pour cela il faut passer un peu de temps à faire les calculs et faire attention à prendre en compte l'ensemble des tâches concernées.

Un service de documentation produisant lui-même sa base de données pourra cependant acquérir à l'extérieur des données bibliographiques concernant les brevets, ce qui sera certainement moins coûteux que de faire surveiller par du personnel interne la production mondiale des brevets. Il en sera de même pour toute information demandée par un groupe d'usagers spécifiques mais portant sur un domaine marginal par rapport aux préoccupations habituelles du centre de documentation.

 Si vous disposez de personnel qualifié, donc coûteux en termes de masse salariale, réservez-lui des tâches à forte valeur ajoutée ou spécifiques et sous-traitez tout ce qui peut être fait ou ce qui est répétitif par des agents d'exécution.

Dans notre domaine et en ce qui concerne les pays industrialisés, **les coûts de main-d'œuvre représentent souvent une part importante (60 à 80 % par rapport aux coûts directs)** ; vous ne pourrez pas éternellement augmenter le nombre de personnes pour faire face à l'accroissement de la demande : **développez les prestations d'auto-documentation et les automates de consultation** (l'accès en ligne ou les produits sur CD-Rom en constituent des exemples modernes) et **concentrez-vous sur les prestations personnalisées** de type conseil, par exemple.

Donnez 10 000 F à trois responsables de centres de documentation de même importance et comparez **ce que chacun aura fait de cette somme** après un an : il est probable que l'un d'entre eux aura su faire de meilleurs choix que les deux autres et optimiser l'usage que l'on peut faire d'une telle somme, si réduite soit-elle... L'imagination au pouvoir, criait-on à une certaine époque... C'est pourtant bien la situation que vivent de nombreux CDI au sein de l'Education nationale (ce qui ne veut pas dire qu'il faille encourager les restrictions budgétaires !).

Cas « à la louche » : faut-il s'insérer dans un réseau documentaire ?

Il est difficile de répondre simplement à cette question ; il existe plusieurs types de réseaux ayant chacun un rôle différent. Un réseau peut être constitué pour la réalisation d'un ou plusieurs maillons de la chaîne documentaire.

Collecte et acquisitions

L'appartenance à un réseau permet de se procurer ou d'acheter la documentation à des tarifs plus intéressants (bien que la loi fixant la remise maximum pour l'achat de livres en France à 5 % rende ce type de réseau moins intéressant). Une variante a existé pour la réalisation de microfiches de documents originaux (chaque membre du réseau devant posséder le document original pour obtenir l'accès aux microfiches correspondantes : loi sur le copyright). Il faut signaler les réseaux pour la collecte de la littérature grise et les centrales d'achat pour les logiciels.

Traitement documentaire

Il s'agit avec ce type de réseau d'économiser sur le traitement des documents ; plusieurs variantes existent mais le cas le plus fréquent est celui des centres de documentation qui alimentent un même système documentaire auquel ils sont connectés (qu'il soit de gestion ou de recherche). En Amérique du Nord on appelle ces réseaux des *utilitaries* ; on peut citer UTLAS, RLIN... ou plus près de chez nous SIBIL. Une autre forme de tels réseaux existe ou va apparaître, basée sur l'échange de données bibliographiques, tel l'OCLC (cf. l'action prévue par la résolution du Conseil des ministres de la Communauté européenne du 27 septembre 1985 intitulée « Collaboration entre bibliothèques dans le champ du traitement des données »), même si le CD-Rom ou le DON viennent lui faire concurrence.

Prêt

Le plus connu est celui du prêt interbibliothèques qui permet à chaque bibliothèque qui y adhère de pouvoir emprunter les documents appartenant au fonds d'un des autres membres du réseau ; le Catalogue collectif national (CCN) relève de ce type de réseau.

Recherche d'information

Jadis, il était indispensable d'appartenir à l'un des réseaux informels qui permettaient de trouver plus facilement l'information recherchée : par une série d'appels téléphoniques à tel ou tel collègue, chacun parvenait à localiser assez rapidement cette information. De fait, après une période de relative désuétude, ce type de réseau qui facilite et humanise le travail des documentalistes en leur permettant d'avoir des contacts avec leurs collègues et amis... réapparaît.

Il y a aussi des réseaux :

– à base thématique dans lesquels chaque centre va recevoir la mission de traiter un sujet, un domaine précis ; c'est le cas du réseau des laboratoires du CNRS qui alimentent certaines banques de données de l'INIST ;

– à base géographique : chaque membre du réseau doit traiter pour la collecte, ou pour le prêt, ou pour la recherche, d'une région bien délimitée. Le réseau des Observatoires économiques régionaux de l'INSEE et leur banque de données SPHINX ou celui des Chambres de commerce et d'industrie pour la banque de données DELPHES sont de ce type.

Les réseaux visent autant une meilleure couverture du champ du réseau que la diminution des coûts. Tout centre qui participe à un réseau ou qui l'envisage doit faire le bilan des avantages et des inconvénients de cette collaboration ; accroître sa productivité ou sa rapidité de réponse, bénéficier d'actions de formation ou d'assistance technique, sortir de son isolement font partie des éléments positifs mais il y a aussi un accroissement des responsabilités vis-à-vis de ses partenaires, la nécessité d'avoir un esprit moins individualiste ou plus coopératif, l'obligation d'avoir des équipements compatibles, l'impératif de contribuer aux charges communes... et, horreur ! le fait de partager le même langage documentaire et d'appliquer les mêmes règles de traitement de l'information. La mise en route pour arriver dans ce domaine au plus petit commun multiple de toutes les volontés peut ressembler par sa lenteur à de véritables négociations internationales.

Quelques pistes pour le calcul des coûts

Chaque organisme participant « isole », pour une période donnée, les activités spécifiques (causées par l'existence du réseau) : entrée de données supplémentaires, réunions, recherches documentaires demandées par les autres partenaires, reproduction de documents ,etc., et les coûts correspondants, exactement comme s'il s'agissait d'un produit ou d'une prestation (= coût de revient de la contribution).

Le cumul annuel des coûts de revient donne le coût de revient du réseau ; il est facile d'en déduire le pourcentage relatif de chaque membre en fonction de sa contribution ; ceci peut servir de clé pour répartir les recettes si recettes il y a.

S'il n'y a que du « troc », chacun peut calculer ce qu'il reçoit des autres « à prix coûtant ». Par exemple, je traite 18 questions pour les autres, je fais traiter 14 questions par les autres ; compte tenu du coût de revient moyen (chez moi) d'une question traitée (600 F) je perds 4 × 600 F. Ou bien si chacun facturait tout aux autres, quel serait le bilan ?

« Au bulldozer » : il est possible également de simuler des situations « sans réseau » (qu'est-ce que je serais obligé d'engager comme dépenses si le réseau n'existait pas et si je voulais obtenir le même résultat, les mêmes types d'outils, la même rapidité d'accès aux documents...) et les comparer avec la situation « en réseau ».

CHAPITRE 6

Tarification : établir un devis, fixer un tarif

Votre centre de documentation est opérationnel ; vous voulez offrir à votre clientèle des produits d'information et diverses prestations, mais quel prix pratiquer ?

La problématique

Le marketing s'appuie sur l'étude de trois pôles : le marché, le produit, le prix. La stratégie dégagée par le marketing permettra de choisir une politique de commercialisation ; ce chapitre ne traite qu'un élément de cette politique : la tarification.

Un tarif, c'est un **élément de référence** :
– pour le client : il connaît ainsi les dépenses qu'il devra engager ;
– pour le fournisseur : la fixation des règles supprime des estimations et des calculs à chaque vente.

C'est donc à la fois un **élément de communication** et un **élément de gestion.**

Pour une saine gestion, le prix de vente doit être supérieur au prix de revient total du produit ou de la prestation ou, du moins, au prix de revient moyen. S'il est égal, on ne perd pas d'argent mais on ne dégage pas de marge permettant de faire ultérieurement des investissements, des études de développement de nouveaux produits ou... des augmentations de salaires ; s'il est inférieur, on perd de l'argent, ce qui mettra le centre en danger de mort.

Cependant, il est rare d'être seul sur le marché, c'est-à-dire en situation de monopole ; il est nécessaire de s'informer sur les prix pratiqués par les concurrents directs (même type de produit et même contenu) ou indirects (produits de substitution correspondant à des prestations donnant le même résultat). Ce point est important pour se situer et trouver les argumentaires de vente.

La situation normale est donc de vendre un produit dégageant des marges bénéficiaires ; « dur, dur » dans notre secteur d'activité où les documentalistes avaient l'habitude de fournir les prestations gratuitement et où on constate encore de nos jours que tous les acteurs du marché n'établissent pas leurs tarifs sur les mêmes bases (incidences des subventions, rôle promotionnel accordé à l'information, oubli de prendre en compte les salaires et les coûts indirects dans le prix de revient). Mais prendre l'habitude de facturer évite aussi de laisser la part trop belle aux intermédiaires qui revendent votre prestation à leurs propres clients !

Soyez précis sur le contenu de votre prestation, vous lèverez ainsi les ambigüités et éviterez les litiges ultérieurs. **Analysez le profil de vos clients** ; certains ne jugent que le service rendu, d'autres souhaitent être assurés de la méthodologie et choisir les niveaux de prestation. Par contre, peu ont besoin d'une explication sur les modalités de production... bannissez donc ce jargon de vos devis (à moins que vous ayez à faire à un autre documentaliste !).

ATTENTION : ne pas confondre « prix » et « valeur ». Le terme valeur est défini dans la norme française X 50-150 comme un jugement porté sur le produit **par le demandeur-utilisateur** sur la base de ses attentes et de ses motivations. Plus spécialement, la valeur est **une grandeur qui croît lorsque la satisfaction du besoin de l'utilisateur augmente ou que la dépense afférente au produit diminue**. La valeur d'un verre d'eau dans le désert n'a rien à voir avec son prix. A prix de revient égal, une information n'a pas la même valeur selon qu'elle est fournie « à temps » ou « trop tard », qu'elle est « nouvelle » ou « banale », etc. D'un certain point de vue, elle s'apparente au traditionnel rapport qualité/prix. La méthode dite d'**analyse de la valeur** offre une démarche qui permet d'accroître la valeur des produits et services d'information (cf. bibliographie).

Vous pouvez augmenter la « valeur » d'un produit ou d'un service d'information existant de différentes façons :
– en améliorant le service rendu tout en maintenant un prix (donc un coût) identique ;
– en réduisant le coût du produit ou du service proposé (en économisant sur vos prix de revient grâce à une meilleure productivité) ;
– en diminuant le coût tout en améliorant le service rendu (pensez à la micro-informatique ces dernières années) ;
– en augmentant légèrement les coûts pour proposer une nette amélioration du service rendu (la mise sur le marché des banques de données sur CD-Rom, par exemple) ;
– en diminuant le service rendu mais en proposant alors une chute du coût.

Tarif sur catalogue

Il s'applique aux produits « standards » qui peuvent être diffusés en plusieurs exemplaires ; voici une méthode possible de calcul à travers un exemple.

Soit une bibliographie tirée en 350 exemplaires avec un prix de revient global de 6 000 F. Son prix unitaire est de 6 000 : 350 = 17,14 F, mais attention ! ce n'est pas son prix de revient réel : c'est son prix de revient moyen. Pour obtenir le prix de revient réel, il faut considérer d'autres facteurs :
– le nombre d'exemplaires effectivement disponibles à la vente (compte tenu du nombre d'exemplaires gardés en archives, conservés comme outils

de travail ou remis à la direction, diffusés gratuitement à la presse etc.) ; il en résulte que, dans notre cas, 300 sont disponibles à la vente ;
– les hypothèses de vente.

Nombre de vente espérées	$x = 300$	$x = 150$	$x = 1$
Prix de revient unitaire de fabrication : 6 000 F divisé par x...	20 F	40 F	6 000 F
Frais de promotion et de commercialisation estimé à 50 % du prix de fabrication[1]	10 F	20 F	3 000 F
Marge unitaire souhaitée : 20 % du prix de fabrication[1]	4 F	8 F	1 200 F
Prix de vente minimum	34 F	68 F	10 200 F

A propos d'édition (cas des ouvrages vendus par l'intermédiaire des libraires), il faut savoir en effet que la « structure des coûts » est couramment la suivante (source : Syndicat national de l'édition) :

	Valeur ajoutée
Production (droits d'auteur, fabrication, gestion, promotion)	45
Diffusion (démarchage des détaillants, catalogues...)	10
Distribution (expédition, facturation, retours)	10
Marge du détaillant	35
Prix hors taxe du livre	100
TVA	7
Prix TTC	107

La « vente par correspondance » permet d'économiser la marge du détaillant mais entraîne des coûts plus importants en matière de promotion et de présentation de catalogues ainsi qu'en matière de facturation et d'expédition.

Le point mort

Le point mort correspond au nombre de produits vendus à partir duquel vous commencez à gagner de l'argent : le prix de revient est juste couvert par le chiffre d'affaires correspondant (la marge est nulle). Il est généralement exprimé en nombre d'unités physiques plutôt qu'en unités monétaires.

---

(1) Les % résultent du choix des auteurs et ne représentent pas une règle. Bien souvent, vous constaterez que les frais de promotion et de commercialisation sont supérieurs au prix de revient de la fabrication.

L'abonnement

Ce mode de tarification s'applique à des produits d'information qui font l'objet de livraisons périodiques (cas d'un bulletin d'information) ou à des prestations susceptibles d'être répétitives (cas d'un abonnement qui donne droit à 10 questions, par exemple) ; dans ce cas, calculez comme précédemment mais sur l'ensemble de la durée de l'abonnement ou sur l'ensemble des prestations, avec peut-être un petit rabais correspondant à une prime de fidélité.

Ce mode a l'avantage d'alléger les coûts de facturation, qui n'interviennent qu'une fois dans l'année.

> A PROPOS DE FACTURE : savez-vous que le coût moyen d'établissement et de traitement d'une facture (encaissement) peut aller de 50 à 150 francs ? Pensez-y si vous vendez des produits « à petits prix »...

Le forfait annuel

Ce mode de tarification peut être assimilé à celui d'une cotisation ou d'un droit d'entrée renouvelable ; à la différence de l'abonnement, il va couvrir des prestations de natures différentes et pas forcément répétitives ; il peut être calculé sur le prix de revient d'une consommation moyenne de prestations pendant la période. Il offre l'avantage de n'entraîner qu'une seule facturation (cette formule est particulièrement intéressante pour les centres qui offrent des produits « à petits prix »). Il est parfois dangereux à pratiquer si le centre n'est pas capable de bien calculer ce qu'il recouvre.

Prestations sur devis

Il s'agit de prestations réalisées à la demande (par exemple : étude documentaire, bibliographie spécialisée, synthèse...). Le prix de vente est établi au coup par coup pour chaque demande puisque les prestations sont à chaque fois différentes. Celles-ci comportent à la fois des prestations intellectuelles et des prestations matérielles auxquelles il convient d'ajouter une marge. Le calcul n'est pas toujours simple, c'est pourquoi nous détaillons ci-dessous cette rubrique.

● Estimation « au bulldozer »

Attention ! Ne vous dites jamais face à un client : « Il ne peut pas payer, je vais faire pas cher » ! Bien souvent vous jugez mal ses envies. Pensez aux budgets photocopies de ces « pauvres étudiants » !

Donnez des options à vos clients : kit, prêt à porter, haute couture, et annoncez la couleur. La qualité est un concept subjectif, il faut toujours expliquer ce que vous offrez dans votre prestation.

• *Prestation « normale » de votre service*

Vous ne connaissez pas encore votre prix de revient, ce n'est pas normal mais pour la première fois on vous pardonne ! Téléphonez vite à des collègues pour essayer d'avoir des points de comparaison. Demandez un devis à une société de prestations. Acceptez d'annoncer un prix avec un risque de 100 % d'erreur (mais le premier seulement !). Adoptez une attitude de fourmi : commencez à enregistrer les temps que vous passez à chaque prestation afin de mieux évaluer votre prochaine demande.

• *Prestation « nouvelle »*

Si jusqu'à maintenant vous n'avez pas réalisé cette prestation, n'hésitez pas à envisager plusieurs approches.

– Au prix réel

Annoncez à votre client que vous ignorez le coût de la prestation et que vous allez lui facturer au temps passé (vous communiquez le taux horaire). Si vous ignorez l'ordre de grandeur entre 50, 500, 5 000, voire 50 000 F vous allez être obligé de préciser des limites avec un dialogue :

« Je ne sais pas combien de temps demande ce travail, mettons-nous d'accord sur un budget à ne pas dépasser,

« Je vais travailler *x* heures à tel taux et on se revoit pour passer à une deuxième étape,

« Combien le payez-vous d'habitude ? »

Evidemment, ce qui est important n'est pas le prix de cette première fois mais les données que vous allez enregistrer pour mieux estimer la seconde facturation.

– Au prix marginal

Exemple : vous dépouillez tous les matins la presse et exceptionnellement on vous demande de suivre un sujet particulier. Vos abonnements sont payés, votre temps de lecture n'est pas augmenté... tant que cette prestation reste marginale vous n'allez facturer que le temps passé en plus à traiter ce sujet et à photocopier.

Attention, ceci n'est possible que si vous assurez l'équilibre de votre centre. Appliqué trop souvent, c'est le raisonnement à la marge qui a conduit des entreprises à la faillite !

– Au prix psychologique

C'est le plus intéressant : votre client pense que cela vaut 1 000 F et pile vous pointez sur 1 000 F. Il est snob et prêt à payer 10 000 F ce qui vous coûte 10 F, profitez-en (à court terme, mais un jour ou l'autre, cela risque de changer si des concurrents se mettent aussi sur ce créneau). C'est le prix le plus difficile à manier. Il faut avoir « psychanalysé » ses utilisateurs en les écoutant longuement. Si vous vous livrez à cette recherche approfondie, vous ne pourrez plus avoir d'*a priori* !

– A la tête du client

Les gens sont bavards... celui qui a fait une bonne affaire va le dire, celui qui en a fait une mauvaise aussi d'ailleurs. Soyez fermes : vous vendez du service, pas de la ristourne ; si vous vendez à perte, plus vous vendez, plus vous perdez... Il vaut mieux ne pas vendre, même si cela vous fend le cœur !

Si vous pratiquez un tarif étudiant, il est moins cher mais il comprend moins de prestations (le produit n'est pas emballé, n'est pas livré... C'est la copie invendue d'un annuaire de l'année dernière...).

En tout cas, sachez que le prix n'est pas toujours le facteur principal de choix de votre client qui est peut-être plus attiré par la qualité ou la rapidité de votre prestation.

• *Prestation inhabituelle*

Posez-vous un certain nombre de questions. Êtes-vous seuls sur le marché ? Avez-vous envie de le faire ? Est-ce un challenge ou une corvée ?... C'est le cas typique « à la tête du client ». Faites appel à votre intuition.

• *Et pour chaque situation...*

N'oubliez pas de vous poser la question principale : quelle est votre stratégie ?
— Attirer le client pour qu'il revienne (mais attention au rabais !) ?
— Dissuader le client, c'est le plus difficile... si vous voulez qu'il ne commande pas le service et qu'il ne soit pas dissuadé par les autres prestations de votre centre.
— Etc.

■ Estimation « à la louche »

Vous connaissez le coût de revient brut de l'heure, mais vous ne connaissez pas le temps passé.

Prenez deux feuilles de papier. Sur l'une portez la liste des tâches à accomplir pour réaliser la prestation, sur l'autre la liste des fournitures nécessaires. Ne les remplissez pas en même temps mais au moins à 1/4 d'heure d'intervalle. Que constatez-vous : les fournitures vous font voir que vous avez oublié des tâches, les tâches vous font découvrir des prestations oubliées... Si la prestation est sophistiquée et vaut cher, faites faire la démarche par deux personnes. Comme on oublie toujours des tâches, ajoutez au moins 10 % de temps par sécurité.

• *Dans tous les cas :*

N'oubliez pas les frais de promotion et de commercialisation et précisez votre stratégie :
— le luxe cousu main ==> forfait ;
— le kit : vous listez le maximum de prestations et le client coche (exemple : pris sur place avant 10 h, pris sur place en dehors des heures d'ouverture, livré par télécopie, livré par poste normale...) ;
— le prêt à porter : proposez les couleurs, les tailles (par exemple : catalogue mensuel, catalogue annuel...).

▼ Estimation « à la cuillère »

Sensibilisez votre personnel aux problème de l'établissement des coûts. Pour vos prestations les plus importantes préparez des fiches de travaux (comme dans les sociétés d'ingénierie ou les cabinets de consultants). N'oubliez pas sur une colonne de demander au personnel de noter le nombre de fois où il a été interrompu (cela vous amènera peut-être à une réorganisation des tâches et des locaux).

Mettez en place un système de mesure des temps passés sur une période de temps limitée (mais cela peut être ressenti comme une surveillance policière) ; renouvelez l'opération régulièrement pour voir si des constantes se dégagent ; n'oubliez pas de tenir compte des facteurs psychologiques (certains veulent montrer qu'ils travaillent vite, d'autres qu'ils sont débordés).

Pensez à conserver un historique de ces « prises de temps ». Faire un devis devient alors une simple addition de temps des différentes tâches. Ceci doit vous pousser à enregistrer les informations sur ordinateur pour ne pas avoir à resaisir les chiffres.

Dès que vous aurez fait le tour de vos prestations, rien ne vous empêche, dans une deuxième phase, de tirer des ratios ou des moyennes : quand vous faites des recherches rétrospectives sur plusieurs pays, par exemple, vous passez en moyenne 40 minutes par pays couvert. Vos données peuvent évoluer : vérifiez-les tous les ans ou les deux ans. Des lieux de rencontres professionnelles comme l'ADBS sont utiles pour essayer d'obtenir des éléments de comparaison.

REGLE DE PRUDENCE : faites toujours des fiches de temps pour vos nouvelles activités afin de déterminer rapidement si elles sont rentables ou non.

Dès que vous avez l'impression qu'une prestation est en train de déraper et de prendre plus de temps que prévu, lancez-vous immédiatement dans un audit. Mais attention : faites-le pour les prestations chères, ne perdez pas de temps à compter les centimes !

Établir un devis pour certaines prestations mobilise du temps : c'est un coût qui devra être intégré dans le prix de revient de la prestation ; mais attention : tous vos devis donneront-ils lieu à une commande ferme ? C'est peu probable... alors tenez-en compte.

Après avoir quantifié et évalué vos prestations, pensez à imputer une partie des charges de structure, les frais de promotion et de commercialisation ainsi que la marge.

N'oubliez pas d'indiquer sur le document transmis au client : la date ; la description des prestations comprises ; les options éventuelles avec le tarif correspondant ; le délai d'exécution ; enfin, les conditions financières. (Pour ceux qui travaillent avec l'Etat, prendre en compte le fait que le règlement n'est pas immédiat et peut n'intervenir qu'au bout de 6 à 8 mois, d'où des coûts supplémentaires d'avance de trésorerie).

Un devis... c'est une proposition de contrat comprenant : une estimation des temps, un prix horaire incluant des frais directs de salaires, des frais de promotion et de commercialisation, des frais généraux et une évaluation des fournitures (documents...). S'il est accepté, le devis devient un engagement juridique entre votre client et vous.

Les prix possibles de cession interne

– Gratuit : dangereux, mais ceci a permis à de nombreux projets de démarrer (comme des banques de données par exemple).
– En échange de prestations.
– Forfaitaire (annuel).
– Au prix coûtant des prestations achetées à l'extérieur (exemple : pour l'interrogation de banques de données, on oublie les salaires...).
– Au prix de revient brut du centre (coûts et salaires) mais sans charges de structure.

– En s'alignant sur la tarification retenue pour la clientèle externe (c'est le plus sûr pour assurer la pérennité du centre).

– Au prix externe avec un rabais : formule pratiquée dans plusieurs grands centres de documentation.

Même si vous êtes dans une structure qui ne pratique pas la comptabilité analytique, vous avez intérêt à faire une facture *pro forma* pour « dresser » les usagers/clients et les habituer à des notions de coûts.

Ne pas systématiser nécessairement les cessions internes : ne coupez pas les cheveux en quatre si une banque de données est l'outil de travail de tout le monde ; elle sera prise en compte dans l'ensemble des charges de structure et non uniquement par le produit cédé.

La facturation interne responsabilise l'utilisateur qui s'éternisera moins au centre de documentation pour des informations banales. L'arrivée des nouvelles technologies (par exemple : mots de passe, cartes magnétiques pour photocopieur...) permet plus facilement de s'aider de compteurs.

CHAPITRE 7

Le tableau de bord

« Les faits sont des données qui ne se discutent pas »
(ancienne maxime)

☞ **A vos crayons**

Reprenez une feuille de papier et listez les éléments qui vous paraissent utiles pour suivre le fonctionnement de votre centre d'information.

Quels « indicateurs » sont établis actuellement pour votre centre ?

Quels sont ceux qui vous semblent importants ? pour vous ? pour votre direction ?

Essayez d'évaluer « au bulldozer » :

– le temps passé aux différentes tâches accomplies par le personnel ;
– le nombre mensuel de fiches bibliographiques établies, d'heures d'interrogation consommées, de pages de documents données en traduction, etc. ;
– les quantités mensuelles de livres empruntés par les usagers, d'heures de service télématique vendues, de questions traitées…

Quels chiffres ont sensiblement évolué depuis 2 ou 3 ans ?

La gestion d'un centre d'information s'appuie en grande partie sur ce qu'on a l'habitude d'appeler un « tableau de bord ». Nous allons présenter ci-dessous pourquoi un tel instrument est nécessaire, comment le concevoir et comment le réaliser.

Objectifs d'un tableau de bord

Le conducteur d'une voiture a, devant lui, un tableau de bord plus ou moins complexe avec :

– un indicateur de vitesse qui lui permet de prendre des décisions quant au respect des limites de vitesse imposées par le Code de la route et à l'appréciation de la distance à respecter avec le véhicule qui le précède ;
– un compte-tours qui l'informe des changements de régime du moteur ;
– un indicateur de remplissage du réservoir d'essence, de pression d'huile, de température de radiateur d'eau, etc.

Observer

C'est autant de cadrans à surveiller de temps en temps pour détecter une éventuelle anomalie ou tout simplement pour adapter la conduite aux circonstances, réagir ou prendre des mesures correctives (remplir son réservoir pour éviter la panne sèche, compléter le niveau d'huile pour ne pas « casser » le moteur...).

D'une façon comparable, le « tableau de bord » d'un centre d'information permet aux agents et au responsable du centre de **repérer l'évolution de leurs activités** et d'**agir** en fonction des indications fournies par les « indicateurs » (généralement chiffrés).

Communiquer

Tout responsable est susceptible de recevoir, de ses supérieurs, une mission spécifique telle que : augmenter son chiffre d'affaires, développer la qualité des produits et services, accroître la productivité... avec des dates cibles. De même, il est du rôle d'un responsable de planifier l'activité de son équipe, de fixer des objectifs à ses collaborateurs, de gérer son centre au jour le jour et donc de définir les actions correctrices nécessaires après avoir mesuré les performances de son équipe. Le tableau de bord permet à chacun de suivre l'évolution des missions et objectifs qui lui ont été donnés ; en un mot de diriger son travail avec sûreté et efficacité.

Chacun transmettra les informations les plus importantes de son tableau de bord à son supérieur hiérarchique. Le tableau de bord sera pour chacun un **instrument de contrôle** de son action mais aussi de vérification des responsabilités qu'il a déléguées.

Agir

Le tableau de bord d'une unité documentaire répond à un besoin d'information quasi-immédiate. C'est un « instrument d'action à court terme », destiné à permettre à ses responsables des prises de décisions en vue d'un meilleur fonctionnement de l'unité en question (mesures correctives). Le tableau de bord n'est pas réservé au chef du centre : il doit être établi dans chaque cellule de base et aux différents niveaux de responsabilité ; il doit fournir à chacun les informations nécessaires à l'exercice de ses attributions (auto-contrôle).

✍ *En d'autres termes, c'est un ensemble d'informations sur l'activité du centre, qui va permettre de détecter les problèmes naissants et de préparer les changements souhaitables.*

C'est aussi un **outil de communication**. De ce point de vue, le tableau de bord du centre d'information doit être cohérent avec celui de l'organisme dont il dépend, c'est-à-dire comprendre des éléments d'information de même nature (par exemple indicateurs financiers, indicateurs d'activité, etc.) de façon à faciliter la synthèse des données provenant des divers départements de l'organisme ou à permettre des comparaisons.

Pour être efficace, le tableau de bord devra être établi rapidement et fournir des éléments éclairant les points susceptibles d'entraîner des décisions de changement.

En conséquence, un tableau de bord doit être adapté à chaque contexte : celui d'une bibliothèque universitaire ne sera pas identique à celui d'un petit centre d'information d'entreprise ou à celui d'un producteur de banque de données.

Concrètement, un tableau de bord, c'est une sélection d'indicateurs pertinents représentés sous forme de tableaux et de graphiques et dont la lecture, par vous-même, votre chef ou la Direction générale, permet :
– de rendre objectif par des chiffres ;
– de visualiser les résultats obtenus ;
– de prendre connaissance de la situation à un instant t ;
– de prendre conscience des évolutions (ou des non-évolutions) ;
– de détecter (à temps, si possible) des « anomalies » éventuelles (par rapport aux prévisions, par exemple) ;
– de décider de mesures correctives.

Nature et conception du tableau de bord

Un tableau de bord rassemble des données collectées au fil des opérations et regroupées périodiquement (classiquement sous forme de tableaux, mais nous étudierons par la suite les problèmes de présentation). Cependant, pour atteindre les objectifs décrits ci-dessus, il ne suffit pas de faire figurer dans le tableau de bord quelques chiffres ou quelques graphiques ou, au contraire, d'en faire un épais recueil de données statistiques : il doit être « pensé » pour être efficace, c'est-à-dire « évocateur » et « informatif » pour le lecteur.

Unités du tableau de bord

Les données s'expriment en fréquences, en nombre d'heures ou de minutes, en quantités, en montants... Il faut trouver des critères de quantification simples et adaptés aux objectifs spécifiques du service d'information que l'on gère. La forme de l'indicateur peut être une valeur absolue ou un ratio (rapport entre deux grandeurs) ; c'est l'importance des écarts entre les résultats correspondant à chaque indicateur et les valeurs estimées dans le programme de travail annuel ou le budget prévisionnel qui servira au responsable de l'unité d'information pour juger du risque de « dérapage » par rapport aux prévisions.

Une donnée isolée ne devient « information » que par rapprochement avec une ou plusieurs autres données.

Par exemple, le destinataire de votre tableau de bord sera sans doute très heureux d'apprendre qu'il y a eu 54 recherches documentaires dans le mois, mais cela n'apportera aucune information (que peut-on en penser ? rien dans l'absolu) ; ce chiffre aura une signification (progression spectaculaire, effondrement confirmé ou accidentel, stagnation...) s'il est rapproché du chiffre du mois précédent, du chiffre du mois correspondant de l'année précédente, du temps dont disposait théoriquement le personnel pour cette activité (productivité) ou encore de la mention d'une campagne de promotion ou d'un événement extérieur, etc.

Il conviendra donc de faire attention au mode de représentation des données retenues tableau chiffré et graphique (évolutions) ; et au rapprochement des données entre elles (comparaisons).

Tableau de bord et phénomènes observés

Un tableau de bord permet :
– de mettre en évidence la mesure de phénomènes fréquents (par exemple, la consultation de documents) ou rares (par exemple, le vol des ouvrages) ;
– de trouver des estimations de délais ou de durées (par exemple, durée de circulation ou de prêt de documents) ;
– d'indiquer des mesures de flux (par exemple, le nombre d'heures d'interrogation de banques de données pendant une période donnée) ou de stock (par exemple, le nombre de microfiches détenues dans le fonds) ;
– de rendre compte d'informations concernant l'activité interne du centre (l'utilisation de son temps, les quantités que l'on fabrique, etc.) ou concernant les relations avec l'extérieur (chiffre d'affaires, quantité de produits d'information acquis par les clients, fréquentation d'une bibliothèque, nombre de réclamations...).

Les données peuvent être abordées aussi selon leur finalité ; ainsi distingue-t-on :
– les indicateurs de production (ce qui permet de suivre l'évolution des activités de production pendant une période de temps donnée) ;
– les indicateurs de diffusion ou d'utilisation ;
– les indicateurs économiques (évolution des prix de revient, du chiffre d'affaires, des marges...) ;
– les indicateurs sociaux (temps consacré à la formation, absentéisme, etc.).

Tableau de bord et temps

Les indicateurs peuvent être instantanés (« photographie » d'une situation à un moment donné) ou dynamiques (mise en évidence d'une évolution, d'une tendance).

La collecte des informations doit tenir compte à la fois des délais de disponibilité des résultats (l'utilisation de la comptabilité de l'organisme, malgré sa précision, peut être rejetée pour cette raison) et du coût entraîné pour leur collecte : celui-ci doit rester tout à fait marginal par rapport au budget du centre.

Certaines données évoluent au jour le jour (le nombre de questions reçues, par exemple), d'autres s'engagent à date fixe (la masse salariale) et d'autres ne changent qu'occasionnellement (les tarifs). Il y a des évolutions qui doivent se détecter sur une période courte, d'autres qui nécessitent un certain recul. Si le voyant passe au rouge, ce peut être aussi l'occasion d'effectuer - pendant une période donnée - un « effet de zoom » pour observer plus en détail ce qui se passe à propos d'une activité.

Par conséquent, il n'y a pas « un » tableau de bord mais « des » tableaux de bord.

Des règles de mesure

Néanmoins, ils doivent respecter quelques règles communes à tous ceux qui participent à son élaboration, en particulier :

– Les unités de mesure des phénomènes doivent être les mêmes (par exemple, si plusieurs personnes ou cellules sont amenées à acquérir des documents, les quantités seront toutes exprimées en nombre de titres ; si quelqu'un les exprimait en nombre d'exemplaires, la somme des deux n'aurait plus de signification).

– Il faut avoir des informations sûres, c'est-à-dire s'appuyer sur des éléments précis (factures, par exemple). Dans toute la mesure du possible, on utilisera des sous-produits d'autres opérations (par exemple à partir du système informatisé de gestion d'ouvrages).

– L'information doit être « fidèle et objective » : il faut que l'indicateur choisi varie dans le même sens que l'activité à suivre. Ainsi, si pour mesurer un aspect de l'activité des magasins d'une bibliothèque, vous avez choisi comme indicateur le nombre de lecteurs reçus en salle de consultation, celui-ci doit varier comme le nombre de documents sortis des magasins.

– L'information doit avoir et conserver la même signification dans le temps (et dans l'espace, si cela concerne plusieurs unités de travail - cas d'un réseau documentaire, par exemple) ; en particulier, des garanties doivent être obtenues pour que l'information ne soit pas biaisée par des agents qui élaborent les indicateurs de base. L'homogénéité de l'information a une incidence sur la qualité des indicateurs synthétiques élaborés par les échelons hiérarchiques supérieurs.

– Voir tableau page suivante –

De l'élaboration à l'exploitation du tableau de bord

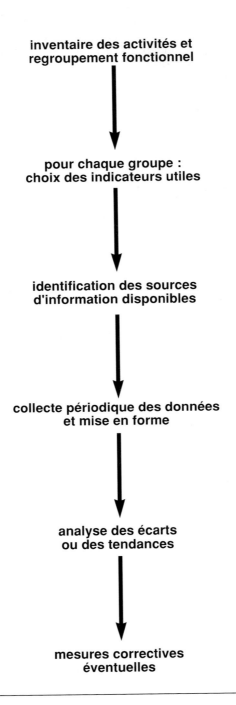

inventaire des activités et
regroupement fonctionnel

pour chaque groupe :
choix des indicateurs utiles

identification des sources
d'information disponibles

collecte périodique des données
et mise en forme

analyse des écarts
ou des tendances

mesures correctives
éventuelles

L'élaboration du tableau de bord

L'organisation de la collecte et de la mise en forme varie en fonction de la taille du centre d'information : dans un centre de 2 ou 3 personnes, il reviendra au responsable d'effectuer une grande partie des opérations ; dans un centre de 40 personnes réparties en plusieurs unités de travail, il y aura des tableaux de bord « intermédiaires » et une organisation à plusieurs niveaux.

Étapes du tableau de bord

La première étape consiste à faire l'inventaire de toutes les activités ; celles-ci seront alors classées en groupes homogènes, par exemple :
— alimentation du fonds documentaire ;
— exploitation d'outils ou de prestations externes ;
— traitement documentaire et préparation des produits d'information ;
— relations avec la clientèle ;
— promotion des activités documentaires, etc.
Ne pas oublier les activités communes ou de logistique telles que le secrétariat, la gestion, la formation.

La deuxième étape verra la constitution de listes d'indicateurs qu'il serait utile de construire pour chaque groupe d'activités en vue d'en suivre l'évolution. Parmi les critères de choix, on peut citer :
— la vie et les résultats du centre (par exemple, les délais de livraison) ;
— la concentration de l'attention sur l'essentiel (toute activité ou groupe d'activités qui mobilise plus de 10 % du temps de travail du centre, sauf pour les nouvelles activités) ;
— les bases de référence pour la réflexion et les décisions (par exemple, le chiffre d'affaires) ;
— la mesure des résultats obtenus par l'équipe, compte tenu des objectifs qui lui ont été fixés.

La troisième étape sera de trouver la source d'information permettant d'obtenir chaque indicateur ; si aucune n'est disponible ou si elle ne l'est pas dans des délais adéquats, il conviendra de substituer à celui-ci un autre indicateur. Essayez toujours d'avoir des instruments de collecte précis et indolores. La prise de tension et la température apprennent beaucoup à un médecin.

La quatrième étape consistera en la sélection, parmi les indicateurs retenus pour chaque équipe, de ceux qui résument le mieux l'activité, et c'est seulement ceux-ci qui seront transmis au niveau supérieur.

Quelle périodicité pour un tableau de bord ?

Une pratique courante au niveau de nombreux centres d'information est de produire un tableau de bord chaque mois. Mais dans des situations exceptionnelles (lancement d'un nouveau produit d'information, réorganisation d'une chaîne de travail, etc.) il peut être nécessaire d'élaborer un tableau de bord hebdomadaire, voire de faire circuler, quotidiennement, un indicateur particulier. Une direction peut ne vouloir suivre les activités documentaires que bimestriellement ou trimestriellement, sous une forme synthétique.

Vérification et contrôle d'un tableau de bord

Ils se feront régulièrement à chaque parution et ce à tous les niveaux participant à son élaboration. Ils sont destinés à détecter toute anomalie et à cerner son origine : dysfonctionnement du centre ou erreur dans la collecte de l'information servant à la constitution du tableau de bord. Une attention toute particulière y sera portée durant ses premières parutions car il arrive qu'il fasse apparaître :
– des anomalies de fonctionnement ou d'organisation du centre auxquelles il faudra porter remède ;
– ou plus simplement des erreurs de mesure de l'activité du centre.

Quels indicateurs retenir ?

Un tableau de bord transmis au niveau supérieur ne doit comprendre, pour être aisément exploitable, que 10 à 12 indicateurs au maximum et quelques chiffres clés destinés à expliquer les succès ou les problèmes du moment.

Nature des indicateurs

Retenir, par exemple :

• *Un indicateur d'activité* : ventilation des temps passés selon les diverses activités de l'unité de travail (ensemble des personnes qui participent à la même activité documentaire, par exemple : le traitement des périodiques). Les temps passés feront l'objet d'un tableau et/ou d'un histogramme (tenant compte des absences).

• *Un ou deux indicateurs de production* (à sélectionner selon la nature prédominante de l'unité de travail) : nombre de documents acquis, nombre de documents catalogués, nombre d'articles analysés, nombre de notices enregistrées dans la base de données, nombre de dossiers archivés, etc. Si l'unité de travail « fabrique » plusieurs produits, retenir un indicateur par produit (du moins pour les principaux produits).

• *Un ou deux indicateurs d'utilisation ou de commercialisation* : chiffre d'affaires, nombre de questions traitées, nombre de visiteurs, nombre d'heures d'interrogation vendues (même remarque que ci-dessus si plusieurs produits ou prestations).

Selon la nature de l'activité, on peut faire figurer des « ratios » ou des indices d'évolution : par exemple dans le cas de prestations sur devis, le chiffre d'affaires par rapport au nombre de questions (ou d'études de synthèse, de traductions...) ; ce qui permet de calculer le montant moyen par unité de prestation.

ATTENTION : toutes les informations nécessaires pour suivre l'activité d'une unité ne doivent pas forcément être connues mois par mois ; certaines informations peuvent nécessiter un relevé au jour le jour (par exemple le nombre d'appels à un service téléphonique ou télématique) afin de pouvoir prendre, le cas échéant, une décision rapide (augmenter le nombre de lignes ou de portes d'accès disponibles pour éliminer les phénomènes de saturation). D'autres peuvent ne justifier que des indications annuelles (nombre de personnes consultant une revue en vue de la suppression ou du doublement d'un abonnement).

Comme nous l'avons dit au début du chapitre, l'information ne provient pas d'une donnée isolée mais de son rapprochement avec une ou plusieurs autres. Il conviendra donc de faire attention à la mise en évidence des évolutions et des comparaisons. Voir le chapitre suivant en ce qui concerne le choix des modes de représentation (tableau, courbe, « camembert », etc.).

Les indicateurs qualitatifs sont plus difficiles à établir et sont plus subjectifs ; il sera souvent opportun d'essayer de les transformer en indicateurs chiffrés pour permettre les comparaisons. Une première série d'indications peut résulter des réactions des personnes concernées par le fonctionnement quotidien du centre d'information ; ces réactions peuvent être connues à travers, par exemple, l'exploitation d'un cahier de réclamations (livre d'or), le suivi du nombre de mécontentements exprimés par des visiteurs, des commentaires de collègues de travail, le nombre de boîtes de chocolat reçues en remerciement, etc.

Il est possible également de procéder à des enquêtes ponctuelles auprès d'usagers pour connaître leur degré de satisfaction sur, par exemple, le contenu ou la présentation d'un produit d'information (pensez à mettre 2 ou 3 questions sur une feuille volante jointe à chaque document que vous diffusez ; c'est moins lourd à dépouiller que d'énormes enquêtes tout en étant parfois plus précis).

Par ailleurs, il est souhaitable de « valoriser » le plus souvent possible l'apport de l'information à l'utilisateur : les dépenses entraînées par la recherche et la fourniture de telle information (en acquisitions, temps passé...) sont-elles justifiées par rapport aux gains (ou à l'absence de pertes) que cela va procurer immédiatement soit à terme à l'utilisateur, soit à l'organisme pour lequel il travaille ? Quelles conséquences aurait eu l'absence de fourniture d'une telle information ? Cette comparaison du résultat et des objectifs n'est possible que par l'instauration d'un dialogue avec l'usager au moment de la demande et par l'organisation d'un « retour d'information » de la part de celui-ci à l'occasion, par exemple, d'un bilan périodique sur les services rendus par le centre d'information.

Le tableau de bord des bibliothèques universitaires

Nous reproduisons ci-dessous la liste des principaux taux ou indices retenus dans le tableau de bord mis au point par la Direction des bibliothèques universitaires ; pour plus de détails, se reporter à l'article paru dans le *Bulletin des bibliothèques de France* cité en bibliographie :
– taux de pénétration du public (lecteurs inscrits/lecteurs potentiels) ;
– taux d'encadrement du public (nombre de lecteurs/nombre d'agents) ;
– indices d'activité (nombre de documents consultés, nombre de documents prêtés, nombre de recherches effectuées, etc.) ;

– indices de charges de travail (nombre de titres catalogués/agents, etc.) ;
– qualité du service rendu (durée annuelle d'ouverture au public, places assises/nombre de lecteurs inscrits, acquisitions/fonds anciens, nombre d'ouvrages acquis/nombre de lecteurs inscrits, nombre d'ouvrages empruntés/nombre d'ouvrages acquis, nombre de documents en libre accès/nombre de documents en réserves, délai moyen de recherche, délai moyen d'obtention des documents) ;
– coûts des services.

La collecte des données élémentaires

Données se rapportant au volume de travail

Pour les mesurer, il convient de mettre des « compteurs » ; ils seront bien souvent manuels mais ils peuvent aussi être informatiques si la gestion du centre est automatisée. C'est l'un des grands intérêts de cette gestion.

Manuellement, ces relevés sont facilités s'il a été prévu un enregistrement systématique des « mouvements » au fur et à mesure qu'ils ont lieu ; cet enregistrement peut s'effectuer à l'aide de documents ayant parfois une autre finalité (registre d'inventaire, factures, bons de livraison, bons de tirage, etc.) ou, si ceux-ci n'existent pas, à partir de bordereaux spécialement établis (préremplis de façon à ce que chaque opérateur n'ait qu'à mettre un signe en face de chaque rubrique concernée).

Pour construire les indicateurs que nous avons évoqués ci-dessus, voici des exemples de modalités de collecte :

– les produits et services obtenus à l'extérieur, par exemple :
• documents (à partir du registre d'inventaire, on relèvera chaque mois la quantité de documents acquis, ventilée le cas échéant par nature de document),
• travaux sous-traités (à partir des bons de livraison, on relèvera chaque mois le nombre de microfiches réalisées, le nombre de fiches saisies en mémoire de machine, etc.),
• abonnements à des services d'accès en ligne (à partir des factures, on relèvera le nombre d'heures mensuelles d'interrogation) ou à des services questions-réponses (nombre des questions facturées ou enregistrées) ;

– les opérations de transformation effectuées par l'unité de travail, par exemple :
• nombre mensuel de fiches établies ou enregistrées sur ordinateur (en cumulant les relevés journaliers ou à partir des statistiques fournies par le logiciel),
• nombre mensuel d'analyses effectuées ;

– les produits et services offerts, par exemple :
• nombre mensuel des questions traitées (ventilées selon la voie de communication utilisée : téléphone, lettres, visites …),
• nombre de documents consultés ou transmis, de bulletins diffusés, d'études de synthèse réalisées (cf. fig. « Exemple de tableau de suivi mensuel » p. 38).

Temps passé aux opérations

Il s'agit là de mesurer le temps passé notamment aux opérations de transformation et à l'élaboration proprement dite de chacun des produits et services offerts (se reporter au chapitre 4 en ce qui concerne la démarche méthodologique et, en particulier, la prise en compte des périodes de congés ou de formation, les temps consacrés à des réunions de coordination ou d'information générale, etc.).

Lire et exploiter un tableau de bord

Les données ont été collectées, puis mises en forme et consignées dans un document, le tableau de bord, conjointement avec d'autres indicateurs : que va devenir ce document ? Souhaitons qu'il soit lu et exploité en vue d'une prise de décision !

Cependant, la lecture des chiffres ou des graphiques figurant dans le tableau de bord nouvellement établi doit être effectuée avec attention : un écart est-il révélateur d'une tendance qu'il convient de corriger ou est-ce une anomalie due à une circonstance exceptionnelle ? La part consacrée au traitement est-elle disproportionnée par rapport à la part consacrée à la diffusion (celle qui intéresse les usagers et qui justifie l'existence de la fonction, rappelons-le) ? **Il faut savoir lire les indicateurs.**

Dans un tableau de bord, il faut :

• Ventiler les chiffres pour mettre en évidence les différences de volume entre les activités
• Rappeler les années antérieures pour mettre en évidence les évolutions
• Rappeler les objectifs pour évaluer les performances du présent
• Encadrer les résultats les plus récents pour faciliter la lecture
• Visualiser les tendances pour une lecture rapide
• Commenter en note pour expliquer (le mode de calcul, l'origine des écarts, etc.).

CHAPITRE 8

Savoir communiquer et rendre compte

☞ **Posons le problème :**

Si vous avez bien travaillé au chapitre précédent vous disposez d'un magnifique tableau avec des données chiffrées, des ratios et des statistiques. Qu'allez-vous en faire ? Vous plaît-il ? Quels sont les éléments dont vous êtes fier ?

...

Il ne suffit pas de savoir, il faut le faire savoir. Le service de documentation ne vit pas sur une île déserte, il est dépendant d'un grand nombre de partenaires à qui il lui faut communiquer ses résultats. Hélàs, les chiffres sont un peu secs, il faut les présenter, les mettre en valeur, les expliquer. Il n'y a rien de plus pénible à lire qu'une page remplie de chiffres alignés, surtout si tout apparaît avec la même typographie et avec la même importance. Il faut savoir « mettre en scène » les chiffres et « expliciter » ce qu'ils révèlent. Il faut savoir communiquer et « vendre » ces résultats à la hiérarchie. Ceci est vrai pour un tableau de bord, le rapport annuel d'activité et toutes les études où apparaissent des données chiffrées.

Pour communiquer, deux éléments sont importants : le fond et la forme.

Le fond

Un centre de documentation dispose au moins de trois outils pour rendre compte de ses activités :
− à court terme : le tableau de bord (étudié au chapitre précédent) ;
− à moyen terme : le rapport d'activité annuel ;
− à long terme : les études.

Le rapport annuel d'activité

Au moins une fois par an, il est indispensable de faire un constat des opérations qui se sont déroulées tout au long de l'année. Il permet de prendre conscience de l'activité réelle, des réalisations par rapport aux prévisions annoncées en début d'année ; il sert de base à la préparation des prévisions de l'année suivante (y compris des mesures correctives suggérées). A partir d'une même base d'observation, le responsable du centre peut être amené à faire plusieurs habillages pour des destinataires différents (la direction, le personnel, les utilisateurs, les fournisseurs, les partenaires du réseau...).

Un travail a été effectué par Brigitte Bénest pour l'ADBS Lyon en juin 78. Ce document de qualité, non publié à notre connaissance, met en évidence les caractéristiques principales d'un rapport d'activité et nous nous en sommes inspirés.

Un rapport doit être caractérisé par :
– le respect des faits ;
– un souci de clarté, de simplicité dans la rédaction ;
– le rapprochement des résultats avec les objectifs prévus ;
– une proposition argumentée d'orientation et d'évolution.

Le rapport d'activité doit rendre compte à la fois de l'aspect quantitatif et de l'aspect qualitatif de l'activité du centre de documentation ; il va reprendre en partie les indicateurs du tableau de bord mensuel, éventuellement sous une forme plus synthétique (cumul des valeurs, le cas échéant) ; il comprend quelques indicateurs complémentaires, et met en évidence des évolutions sur une plus longue période.

✍ *Prendre garde à l'homogénéité des données et à leur interprétation !*

Les études

A certains moments de la vie d'un centre il peut être utile de donner un coup de projecteur sur une activité particulière ou de faire le point en profondeur. Il est possible de faire appel : à des approches évaluatives classiques, à des méthodes telles que l'analyse de la valeur, à des analyses de type marketing...

Les études vont traiter d'une fonction (veille informative, indexation...), d'un produit (bulletin, banque de données...), de la mise en valeur des ressources humaines (promotion, formation, carrières...) en vue d'une réorganisation ou d'une amélioration importantes. Ceci implique la collecte d'informations chiffrées parfois négligées, souvent originales, la réalisation d'enquêtes ou d'interviews auprès du personnel, des fournisseurs, d'utilisateurs... Quand la démarche est « longue et douloureuse », on parle parfois d'audit.

Pour des cas particuliers comme des projets financés par contrat (construction d'une banque de données, élaboration d'un thésaurus...), un centre de documentation peut être amené à rédiger un rapport chiffré et argumenté sur le déroulement et les résultats du projet.

En général, les centres de documentation disposent de données internes ; ils procèdent parfois à des comparaisons dans le temps. Malheureusement les centres ne se comparent pas à leurs pairs. A quand le classement des centres de documentation selon leur chiffre d'affaires, le métrage linéaire de leur fonds, la taille de leur banque de données, le nombre d'utilisateurs... et, pourquoi pas, en fonction de leur utilité et de leur performance ?

La forme

Vos interlocuteurs sont noyés dans la paperasse ; si vous voulez être lus, compris, suivis... il faut vous lancer dans une véritable opération de charme et de séduction. Osons le dire, la forme est plus importante que le fond.

Présentation

Un rapport doit être clair et rapide à lire. Il faut donc soigner la présentation et utiliser toutes les ressources des diverses techniques (publication assistée par ordinateur : traitement de texte, mise en page, graphiques couleurs...). Pensez à préparer des soutiens de présentation orale (transparents...).

Le rapport comporte une page de titre précisant les mentions suivantes : auteur, sujet, date, période de référence, adresse. Il est structuré de la façon suivante : « résumé des chefs », sommaire, rapport, annexes où sont repris les documents de base justifiant la position prise.

Le style doit être simple, exempt de fautes aussi bien que de jargon ésotérique ; une phrase trop longue risque d'être mal équilibrée et donc mal comprise ; faites donc des phrases courtes. Ne pas oublier de mentionner les sources.

Mise en évidence des évolutions

Le chiffre de 100 par exemple, seul et nu, ne veut rien dire. Sa signification n'est pas la même si l'année précédente le centre avait fait 80, 100, ou 150. Il faut toujours situer vos chiffres dans le temps. Pour les données exprimées en unité monétaire, précisez s'il agit de francs constants ou de francs courants (cf. définition d'actualisation).

Rapports, tableaux de bord... peuvent être illustrés par des graphiques. Ils en sont le complément ; un graphique est à la fois un outil d'analyse et de compréhension d'une information et un moyen de bien communiquer le message qui en résulte. Il peut remplacer des tableaux de chiffres indigestes par une représentation visuelle éclairante. Il pourra schématiser des parties de raisonnement ou des informations très complexes à décrire.

Quelques conseils

Pour comparer des phénomènes, des structures... ou en montrer une évolution, utilisez la technique du « camembert » (ne pas dépasser huit secteurs), du « tuyau d'orgue », de l'histogramme.

Ces graphiques permettent de montrer des performances. Pour suivre une évolution, utilisez des courbes (cumulatives ou non), et une représentation polaire (ou diagramme « en étoile ») lorsqu'il s'agit de résultats mensuels. Notez qu'un histogramme devient une courbe si vous devez représenter de nombreuses données.

• Pour un tableau sur les temps passés, utiliser la technique du « tuyau d'orgue ». Ne pas donner uniquement la valeur de la période étudiée mais rappeler la valeur de la période précédente ou du mois correspondant de l'année précédente ou encore « le cumulatif » depuis le début de l'année, surtout si vous avez de fortes variations saisonnières (fig. 1).

• Une courbe représentant les heures de consultation commercialisées peut mettre en évidence la tendance générale et montrer les écarts par rapport à des prévisions ou à des extrapolations. Il faut visualiser les évolutions sur plusieurs années et extrapoler pour montrer les écarts (fig. 2). L'histogramme reprend les mêmes données que la courbe, mais celles-ci sont moins lisibles : on ne voit pas le changement de tendance constaté en 1985 (fig. 3).

• Un chiffre d'affaires doit être accompagné de celui de l'année précédente ou/et de la valeur prévisionnelle avec indication dans une colonne supplémentaire des écarts (en valeur positive ou négative ou sous forme de flèches obliques) ; (fig. 4).

• Avec une courbe montrant l'évolution mois par mois du nombre de questions traitées, rappelez en pointillé la courbe correspondant à l'année précédente ; mieux, vous pouvez faire une représentation polaire (ou diagramme en étoile) particulièrement parlante en cas d'extension ou de régression prononcée. Cette représentation présente aussi l'avantage de visualiser les variations saisonnières (fig. 5).

• La représentation sous forme de « camemberts » (fig. 6) peut être un bon moyen pour mettre en évidence les répartitions se rapportant aux caractères qualitatifs des données ; par exemple, répartition :
– du chiffre d'affaires d'un centre de documentation ne commercialisant qu'un petit nombre de produits ;
– des heures de travail consacrées à quelques activités (quitte à regrouper les activités ne représentant que peu de travail) ;
– des clients par grandes catégories ;
– etc.

Fig. 1 – Temps passé entre les diverses activités d'un centre

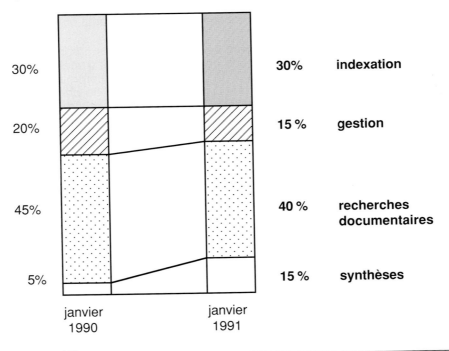

Fig. 2 – Consultation d'un service télématique

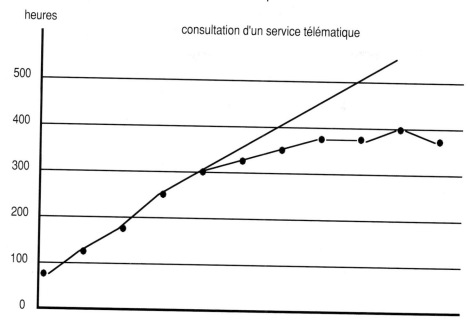

Fig. 3 – Consultation d'un service télématique

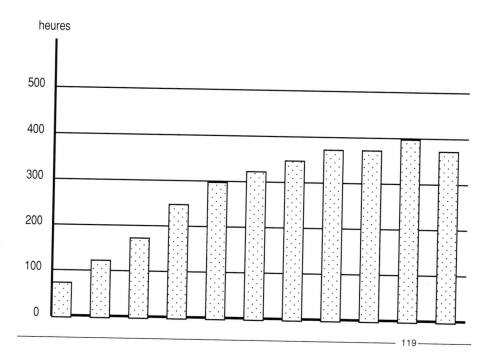

Fig. 4 – Chiffre d'affaires

	1989	prév. 1990	réalisé 90	écart/prév.	
Recherches documentaires	125	130	128	– 2	↘
Synthèses	75	110	115	+ 5	↗
Redevances de données	17	34	27	– 7	↘
TOTAL	217	274	**270**	– 4	↘

(en kF)

Fig. 5 – Evolution du nombre de questions posées par mois

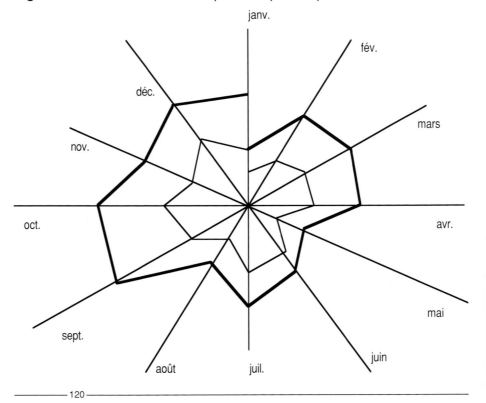

Fig. 6

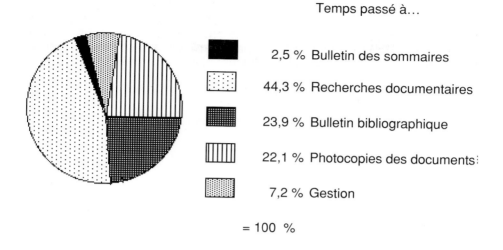

Temps passé à...

2,5 % Bulletin des sommaires

44,3 % Recherches documentaires

23,9 % Bulletin bibliographique

22,1 % Photocopies des documents

7,2 % Gestion

= 100 %

La surface de chaque zone est proportionnelle à l'importance de la donnée représentée.

Choisir des représentations significatives

Exercice

Dans votre centre, comment vous situez-vous par rapport à votre mission principale ? Faites la proportion entre le temps passé à la collecte, à la conservation et au traitement des informations par rapport à celui consacré à la diffusion.

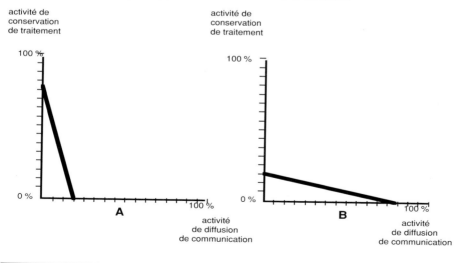

Il est dans la mission de la Bibliothèque nationale d'être de type A, la fonction de type conservation y étant plus développée que la fonction diffusion. Par contre, il est dans la mission d'une ARIST (agence régionale d'information scientifique et technique) d'être de type B : sa structure est ultra-légère et son rôle est de diffuser de l'information aux petites entreprises sous la forme de veille technologique. Elle n'a pas besoin de stocker les documents, elle utilise surtout des banques de données. Et vous ?

✍ *N'oubliez pas : la forme fait passer le fond.*

CHAPITRE 9

Gérer ... la gestion !

L'information coûte cher car il faut lui donner une structure, saisir, classer et traiter les données, exploiter les résultats. Gérer prend du temps et représente un « coût technique » (cf. définition en annexe 1) qu'il convient de minimiser. Il faut donc s'organiser ! Beaucoup de centres de documentation disposent maintenant d'un micro-ordinateur qui avec le (ou les) logiciel(s) approprié(s), peut faire gagner du temps. Et puis, c'est bien connu, toute activité, y compris de gestion, génère du papier : ce n'est pas à des documentalistes que l'on apprendra que des documents bien classés permettent de retrouver plus rapidement l'information recherchée !

Quand les documentalistes pensent informatisation d'un centre de documentation, ils pensent développement de banques de données ou automatisation de la gestion des périodiques; ils pensent moins immédiatement informatisation de la gestion de ce centre. Si vous devez choisir un logiciel documentaire, vérifiez qu'il vous permet d'extraire des statistiques utiles à la conduite du centre.

D'un autre côté, ne réinventez pas la roue ; sachez vous brancher sur les bonnes données du système de gestion automatisé de votre entreprise.

Micro-informatique, outil du gestionnaire

Si une machine n'est pas indispensable pour cet usage dans une petite unité documentaire (une simple calculette est souvent suffisante pour faire les totaux ou les ratios mensuels), **profitez de la présence du micro-ordinateur** qui sert à l'utilisation de la banque de données pour gagner du temps au moment de l'établissement du tableau de bord mensuel et des bilans de fin d'année.

Attention, il ne s'agit pas ici de se substituer aux systèmes informatiques centraux de l'organisme qui assurent la paie du personnel, la facturation ou la comptabilité; nous nous plaçons délibérément dans le cas d'une application complémentaire, permettant au responsable du centre de documentation de gérer plus facilement certains indicateurs, voire de « prolonger » d'un niveau la comptabilité analytique de l'organisme ou encore de simuler différents scénarios pour calculer des prix de revient et établir des tarifs.

Bref, il s'agit d'**utiliser les capacités de calcul et de mémoire** de votre machine pour effectuer ce que vous étiez obligé de faire avec une calculette, une feuille de papier, un crayon et une gomme.

Quels logiciels ?

Au moins deux familles de logiciels contribuent à faciliter le travail de gestion du documentaliste : les tableurs et les grapheurs.

Un **tableur** est une feuille de calcul électronique qui comporte des lignes et des colonnes et un certain nombre de fonctions permettant de **mémoriser des formules.** Par exemple il calcule automatiquement un total en fin de ligne ou de colonne, un résultat cumulé, un ratio, un pourcentage, etc. Si vous avez besoin d'ajouter simplement une valeur, comme par enchantement, vos totaux se modifient immédiatement.

Avec un tableur, c'est un plaisir de jongler avec les chiffres. Vous pouvez faire en un clin d'œil toutes les simulations possibles de votre prévision budgétaire. Puis, au cours de l'année, vous n'aurez que quelques chiffres à entrer au fur et à mesure des étapes pour constater les écarts. Dupliquez votre feuille concernant l'année antérieure et ajoutez une ligne que vous remplirez pour l'année en cours. Vous aurez ainsi côte à côte les résultats mois par mois et cumulés de l'année en cours et ceux de l'année précédente; une troisième ligne donnera les écarts.

Il existe de nombreux tableurs sur le marché (pour les PC compatibles comme pour les Macintosh) : qui n'a pas entendu parler de Multiplan, d'Open Access ou d'Excel ? Certains sont dits « intégrés » (ils cohabitent et communiquent avec un grapheur, un traitement de texte et un gestionnaire de fichiers); demandez une démonstration chez un revendeur. Choisissez l'approche la plus simple possible : vous n'utilisez jamais de formules mathématiques ou statistiques compliquées (prend-on la tangente ou le cosinus en doc ?). Prévoyez cependant une formation, la lecture du manuel étant souvent rébarbative. Mais surtout, comme pour toute application informatique, définissez bien préalablement vos besoins.

Un **grapheur** est un logiciel qui permet de **réaliser des graphes**, c'est-à-dire des courbes, des histogrammes, des « camemberts », etc. Bien souvent il est vendu comme un complément du tableur (Mac-Chart...).

Une fois vos chiffres enregistrés, vous pouvez essayer différentes représentations et choisir celle qui met le plus en évidence le « message » que vous voulez faire passer. Une révolution dans la communication... à condition de ne pas en abuser.

La plupart des logiciels intégrés (Lotus, Framework, Works...) comportent un grapheur, ce qui permet de récupérer plus facilement les données issues du tableur.

Reportez-vous aux chapitres précédents pour trouver des exemples de tableaux ou de représentation graphique que vous aimeriez reporter dans ce type d'outils. Ne pensez-vous pas aussi que c'est un bon moyen pour augmenter vos chances de faire passer le budget ?

Récupération des données issues des fichiers

Vous avez informatisé votre banque de données bibliographiques ou votre système de prêt de documents : bravo ! Mais le logiciel vous permet-il seulement de saisir et de consulter les données bibliographiques ? Ne vous permet-il pas aussi de produire facilement des statistiques : nombre de notices enregistrées dans une période donnée, nombre de questions posées, nombre d'ouvrages prêtés ?...

Certains logiciels intégrés permettent la sortie automatique de statistiques, « sous-produits » de gestion, comme par exemple le prix total des ouvrages nouvellement enregistrés, le nombre acquis dans le mois, le nombre de prêts effectués, le nombre de périodiques bulletinés ... Autant de temps de gagné pour établir les éléments du tableau de bord ou pour alimenter les indicateurs.

Regardez l'exemple dans l'encadré : auriez-vous le courage de faire réguliè-rement à la main tous les tableaux annoncés ?

Cas de la bibliothèque d'une grande école : exemples de statistiques dérivées du système automatisé

GESTION DES ACQUISITIONS

. Budget d'acquisition global et répartition par secteur d'affectation (évolution sur 3 ans, comparaison entre les secteurs)
. Répartition des dépenses d'acquisition par type de document
. Suivi de l'accroissement physique des collections

MESURE DU NIVEAU D'ACTIVITÉ DE LA BIBLIOTHÈQUE

. Taux de pénétration (comparaison du nombre des utilisateurs par rapport à la population de l'établissement)
. Volume des prêts

ÉVALUATION DE LA QUALITÉ DES SERVICES

. Adéquation des collections (répartition du fonds par domaine et par type de documents par rapport à la répartition correspondante des demandes)
. Taux de rotation des collections (volume du prêt par rapport au fonds)
. Accessibilité des informations (comparaison entre les voies d'accès offertes)
. Disponibilité des documents (nombre moyen de réservations par docu-ment; délai moyen de mise à disposition)

Dossiers du parfait gestionnaire

Suivre des indicateurs, préparer le budget, établir un tableau de bord... Comme toute activité administrative, la gestion génère beaucoup de papier. Comment s'organiser pour retrouver ce « fameux-document-qu'on-a-établi-l'an-dernier » à la même époque et qui serait bien utile pour rappeler les chiffres sur le document de cette année.

Le documentaliste gestionnaire constituera donc un certain nombre de dos-siers spécifiques qui lui permettront de classer au fur et à mesure les docu-ments qu'il établit ou qu'il reçoit des autres services. Il saura également faire le tri entre ce qui doit être gardé et ce qui peut être éliminé au fur et à mesure de l'arrivée de nouveaux documents.

Que doivent contenir les dossiers ?

Il convient de distinguer les « documents référentiels » des « états »

Les documents « référentiels » correspondent aux documents qui comportent les règles, les listes de rubriques, les principes de calcul, etc. Ils vont servir à établir les « états » ou à les interpréter. Ils peuvent concerner plusieurs départements de l'organisme et ont un caractère permanent (même s'ils subissent de temps en temps des révisions).

Ce sont :

– la liste des rubriques du plan comptable (garder l'édition la plus récente) ;
– la structure de la comptabilité analytique et les clés de répartition (éditions successives afin de savoir ce qu'on compare d'une année sur l'autre, ces clés pouvant parfois être modifiées) ;
– les éventuels documents d'interprétation (quelles dépenses doit-on mettre dans telle rubrique du Plan comptable ?) (dernière édition) ;
– les procédures de circulation (des factures, des bons d'imputation, etc.) ;
– le classement des produits et familles de produits (et leur rattachement aux services qui les produisent) (dernière édition) ;
– le tarif (de l'année en cours) applicable aux journées d'ingénieur ou de documentaliste (en hommes/temps), si ce critère est retenu pour le calcul de certaines prestations (tarif qui vous est fourni par la Direction financière ou que vous aurez établi en début d'année sur la base du prix de revient) ;
– le barème des frais de déplacement (dernière édition) ;
– tout document comportant les hypothèses et les modes de calcul (afin de vous souvenir ultérieurement comment vous êtes arrivé à tel résultat, quels sont les éléments pris en compte, etc.). Gardez ces documents quelques années pour d'éventuelles comparaisons.

Les « états » sont les documents qui contiennent les données, soit sous forme de tableau de chiffres, soit sous forme graphique, soit sous forme de rapport.

Schématiquement, on distinguera les états concernant l'année précédente, l'année en cours et l'année à venir ; autrement dit, ceux qui correspondent respectivement à des bilans, au suivi et aux prévisions (cf. chapitre 3).

Nous y trouverons :

– les états mensuels de la comptabilité analytique (à garder sur 3 ans) ;
– les listes associées : états détaillés par catégories de postes de dépenses (celles de l'année en cours, car elles servent essentiellement à détecter les erreurs éventuelles d'affectations) ;
– les prévisions effectuées l'année précédente (pour l'année en cours) ;
– les prévisions réactualisées à mi-année (le cas échéant) ;
– les prévisions pour l'année à venir (établies en général au milieu de l'année) ;
– le bilan général de l'année passée (garder aussi celui de l'année précédente) ;
– les bilans par produits ou activités (deux dernières années, à remplacer

par des documents de synthèses : évolution sur 4 à 5 ans) ;
– les tableaux de suivi mensuels (année en cours, puisqu'ils seront remplacés par les bilans) ;
– les tableaux de bord (année en cours).

Tout ceci s'entend bien sûr pour chaque unité de travail dans le cas des grandes centrales documentaires.

Les chiffres et les tableaux sont votre meilleure arme de « défense active » contre les budgets peau de chagrin !

CHAPITRE 10

Du « pifomètre » au management

☞ **Posez-vous encore quelques questions**

Comme il doit vous rester au moins une feuille de papier, faites... un dernier effort en répondant aux questions suivantes :
– Mon centre fonctionne-t-il bien ?
– Que puis-je changer à mon niveau ?
– Que puis-je faire changer chez les autres (personnel et hiérarchie) ?
– Suis-je vraiment démoralisé avant de commencer à y réfléchir ?
– Quelles sont les économies possibles ?
– Puis-je diminuer certaines dépenses ?
– Peut-on faire « autrement » ?
– Peut-on améliorer la productivité du service ?
– Peut-on améliorer l'organisation du travail pour éviter des tâches inutiles ou peu efficaces ?
– Peut-on diminuer la part des activités non productives au profit de celles demandées par les clients ?
– Peut-on élargir la clientèle et répartir sur plus d'exemplaires les coûts fixes ?
– Peut-on agir sur la tarification pour augmenter les ressources ?
– Combien de fois ai-je accepté de travailler au moins plusieurs heures pour une recette ridiculement faible ?
– Si on supprimait 1/3 de votre budget (salaires compris) quelles seraient les opérations essentielles à préserver ?
– Avez-vous envisagé de supprimer des prestations ?
– Que se passerait-il si vous les supprimiez ?
– Avez-vous envisagé un doublement de votre budget ?
– Que feriez-vous avec cette somme ?

Posez-vous ces questions une fois par an car être bon gestionnaire, c'est connaître et analyser la situation, anticiper les événements, utiliser au mieux l'argent, surtout quand on en a peu ! C'est faire la chasse aux gaspillages ; c'est examiner toutes les facettes du problème avant de décider. **On ne peut prendre de décision que bien informé.** N'est-ce pas ce que l'on « serine » à nos utilisateurs ?

Connaître la situation

Être gestionnaire c'est maîtriser son activité ; on ne maîtrise que ce que l'on connaît bien : il faut donc rendre objectives des impressions par des chiffres, se défendre avec des arguments chiffrés, progresser et se développer en s'appuyant sur une bonne connaissance de son passé et de son présent. Qui-suis-je ? Où vais-je ? Le tableau de bord constitue, comme nous l'avons vu, l'un des outils qui permettent de répondre à ce genre de questions.

Il est bon aussi de temps en temps d'observer la marche du centre et d'apporter un éclairage particulier en vue de vérifier hypothèses ou... certitudes.

Analyser

Le rapport d'activité comme le tableau de bord constituent des outils de suivi de nos activités, mais des éclairages complémentaires sont nécessaires. Selon les besoins, on utilisera telle approche ou tel outil : manipulation des chiffres, des ratios... permettent de voir où sont les points faibles de notre centre.

Savoir anticiper les événements

Si vous ne suivez aucun indicateur, votre barque navigue au gré des flots sans pilote ni gouvernail et vous risquez de rencontrer des récifs. Lorsqu'on dispose d'un budget précis, suivre les factures au jour le jour ne saurait suffire à éviter un gentil petit dépassement en fin d'année. Il faut suivre les dépenses engagées cumulées, car il est difficile de refuser de payer des factures reçues dès que le budget est dépassé.

Prêter attention à la trésorerie

Il convient de faire attention au décalage entre le moment où des dépenses sont engagées et le moment où les recettes correspondantes entrent en caisse. Lorsque vous développez une banque de données, n'oubliez pas qu'il peut s'écouler au moins un an entre les premières dépenses courantes (de salaires) et les premières recettes. Pensez à l'opération inverse, faites rentrer de l'argent avant de le dépenser (cas des abonnements, des cotisations, des droits d'entrée, etc.) et demandez à votre banquier de placer votre argent en attendant : les intérêts entreront dans ce qu'on appelle des produits financiers.

Utiliser au mieux l'argent dont vous disposez

Le responsable d'un centre de documentation dispose rarement d'un « réservoir à finances » inépuisable ; la capacité de ce « réservoir » est même souvent inférieure à ce que l'on souhaiterait ; bref on dispose généralement de peu d'argent. Sachons utiliser au mieux ce que l'on a ou ce que l'on peut raisonnablement espérer avoir.

Pour un montant donné : faut-il investir plutôt dans un micro-ordinateur ou dans une étude de marché, ou encore dans l'acquisition de fichiers préétablis ? Faut-il faire un fichier d'articles ou interroger des bases de données externes ? Faut-il gérer les abonnements soi-même ou confier cela à une agence spécialisée ? Enfin, quelle option sera la plus « rentable » et contribuera à être plus efficace ou à générer davantage de ressources ?

A vous de démontrer chiffres en main l'intérêt de votre choix.

Une bonne façon de faire des économies est de **mettre en concurrence les fournisseurs**. Un bon gestionnaire est prévoyant : sachant les opérations qu'il va engager, il dispose du temps nécessaire pour rédiger un cahier des charges et lancer un appel d'offres auprès de plusieurs fournisseurs et ainsi d'identifier celui qui propose une prestation ou un équipement au moindre prix (attention toutefois à comparer la qualité ou le contenu réel de la prestation). Ne pas dépenser plus en temps de préparation de l'appel d'offres (et donc en coût) que l'économie à réaliser : cette démarche est intéressante pour des dépenses de plusieurs milliers de francs.

✍ *Agissez en consommateur averti.*

Après le constat, l'action

Le tableau de bord, l'étude périodique des coûts de revient et les divers états comptables constituent des outils qui permettent de suivre les évolutions et d'être alerté en temps voulu des « dérapages » par rapport aux prévisions ou aux objectifs fixés initialement. Constater c'est bien, mais il faut aussi savoir prendre des mesures correctives. Même si les chiffres montrent qu'un service n'est pas au bord du gouffre financier, on peut toujours faire un peu mieux. Il faut savoir faire des économies et donc être à la recherche des possibles, accroître la productivité, diminuer la part des activités générales (qui pèsent sur le prix de revient des produits), élargir la clientèle, agir sur la tarification, etc.

Pensez aussi aux effets de seuil : le volume de travail que peut absorber le personnel est élastique jusqu'à un certain point ; avant le drame (crise de nerf, maladie, démission, feu aux poudres, grève), il peut être raisonnable d'embaucher du personnel supplémentaire. Si dans un centre un documentaliste traite en moyenne 400 analyses par mois, une surcharge de 40 analyses peut conduire à l'embauche d'une personne à mi-temps. Marginalement ces 40 analyses entraînent une augmentation du prix de revient. Le prix de revient initial ne sera retrouvé que lorsque le centre aura trouvé un volume supplémentaire de 160 analyses. C'est ce type de raisonnement qui peut amener un gestionnaire à refuser une telle commande ou à la faire sous-traiter. N'oubliez pas qu'en cas d'embauche, en fonction de votre structure, le suivi de ce personnel supplémentaire va peut-être aussi entraîner le besoin d'un renfort au niveau de l'encadrement.

Examiner toutes les facettes du problème

L'analyse financière est nécessaire mais pas suffisante. Si vous souhaitez acquérir un micro-ordinateur, avant d'avoir mis en concurrence plusieurs fournisseurs pour sélectionner le meilleur rapport qualité/prix, avez-vous pensé aux éléments suivants :
– besoin effectif à satisfaire ;

– logiciels disponibles sur cette machine ;
– politique de l'entreprise en matière d'informatique ou de bureautique ;
– qualification et formation du personnel qui en aura l'usage ;
– réorganisation du travail que l'informatisation va impliquer ;
– encombrement ;
– commande préalable de la table et des branchements électriques ;
– contrat de maintenance ;
– consommables ;
– etc.

Pour évaluer une activité d'information, outre le critère économique, il faut prendre en compte les deux éléments ci-dessous :

– **le critère stratégique** : même si l'activité documentaire ne contribue pas directement aux recettes de l'entreprise, elle peut être jugée stratégique et vitale pour les différentes fonctions de l'entreprise ; les enjeux de la veille informative peuvent justifier les coûts.

– **le critère culturel** : une bibliothèque municipale n'est pas « rentable » en termes purement économiques mais elle est jugée indispensable dans le cadre de la politique culturelle d'une municipalité car elle contribue à l'élévation du niveau des connaissances des habitants et constitue un pôle d'animation. La prise en charge par l'Etat des coûts de fonctionnement d'une bibliothèque nationale se justifie par son rôle de réservoir d'informations. C'est une sécurité pour la communauté des chercheurs à qui elle donne la certitude de disposer de tous les ouvrages édités dans le pays.

✍ *Mais quelle que soit la vocation d'un centre le gestionnaire doit connaître le coût de ses actions.*

Argumenter les chiffres

Des documentalistes qui travaillent 10 heures pour une revue de presse qui fait économiser 1 heure au patron justifient leur salaire. Si vous n'en êtes pas convaincus, suivez nos chiffres :

Salaire PDG : 80 000 F/mois, charges : 40 000 F, avantages : 20 000 F
sur 13 mois : 1 820 000 F
S'il travaille 8 h par jour pendant 220 jours/an, le prix de revient horaire est de 1 034 F

Donc, avec l'hypothèse de documentalistes rémunérés 9 000 F/mois, charges : 4 500 F, soit sur 13 mois : 175 500 F
S'ils travaillent 8 h par jour pendant 220 jours/an, le prix de revient horaire est de 100 F.

Surmonter les difficultés

Même si vous suivez fidèlement la méthodologie que nous vous proposons, vous allez peut-être : vous faire claquer la porte au nez, voir votre « beau budget » refusé, assister à la descente en flamme de votre demande en personnel, ou voir le service voisin obtenir sans problème l'ordinateur que l'on vous interdit d'acheter depuis 3 ans...

N'oubliez pas que les décisions sont prises par des hommes. Certes les chiffres sont une bonne base. Bien entendu vous avez pris la précaution de faire un « beau rapport »... Mais ne laissez pas votre intuition au vestiaire. Tout est affaire de comportement.

• Qu'est-ce qui motive votre chef ?

Les américains disent *please the boss*. Connaissez-vous sa motivation personnelle (les sous, la sécurité, la gloire ou le pouvoir). Posez des questions, faites faire des analyses graphologiques !... Faites comme les artilleurs, lancez le bouchon, constatez l'impact, recommencez en changeant les paramètres et constatez les nouveaux résultats.

• Quel est l'environnement ?

Vous voyez midi à votre porte... Le chef qui regarde sur la ligne bleue de l'horizon n'a peut-être pas les mêmes références. Prenez du recul de temps en temps pour voir que, dans le contexte actuel, il n'aime pas entendre gémir, surtout s'il est en train d'attaquer ses concurrents. Comme un stratège, vous allez devoir décider de votre ligne de conduite :
– attaque directe ;
– attaque détournée ;
– passage à l'ennemi ;
– taupe ;
– cercueil (faire le mort).

• Laisser la sensiblerie au vestiaire

Un projet rejeté ne veut pas dire qu'« on » ne vous aime pas. Surtout ne vous vexez pas. Apprenez plutôt la raison de ce refus :
– projet pas clair, mal expliqué (revoyez la copie) ;
– direction qui ne correspond pas aux priorités ;
– proposition qui risque de semer la panique dans l'organisation ;
– projet qui arrive trop tôt ou... ou trop tard ;
– etc.

• En fonction des éléments pêchés dans votre filet vous allez :

– refaire d'autres hypothèses ;
– attendre une meilleure heure ;
– chercher des supporters, des porte-parole qui vont défendre vos idées (n'oubliez pas vos utilisateurs) ;
– préparer le terrain si le dossier arrive trop tôt ;
– créer des catastrophes ou des crises pour provoquer une réaction ;
– donner d'autres faits, d'autres arguments (plutôt que de vous plaindre...) ;
– couper le projet en tranche sur plusieurs années ;
– ou, au contraire, taper sur la table pour obtenir en une seule fois le budget global.

• Avant de présenter votre bébé :

– sortez vos antennes, prenez le vent (année faste ou non) ;
– cherchez les projets ayant le vent en poupe ;
– n'oubliez pas de vous faire aider par les meilleures compétences de votre organisme (relecture, calcul, présentation...) ;
– sachez profiter des situations (déménagement...) ;
– n'oubliez pas le *lobbying* —« influençage » en français— (les gens qui font

le siège des responsables politiques pour faire voter certaines lois) et les réseaux de relations (cherchez l'éminence grise, le meilleur tambour de ville...).

Nous avons même rencontré une documentaliste qui, n'arrivant pas à faire prendre des décisions à un petit chef borné, lui a savonné la pente jusqu'à ce qu'il parte de l'entreprise !

✍ *De toute façon une situation n'est jamais définitive.*
« Non » aujourd'hui ne veut pas dire « non » demain.

Préparer l'avenir

Être bon gestionnaire, c'est savoir anticiper les événements futurs et préparer l'avenir. Établir des bilans et suivre des indicateurs n'a d'intérêt que pour la prévision.

✍ *... C'est cela, faire du management !*

Et avant de se quitter, sachez que les auteurs avaient envie de vous dire encore plus de choses...

Un livre est un moyen de communication plutôt passif. Nous n'avons pas pu, malheureusement, répondre à toutes vos questions. Pour des points précis nous avons plus l'habitude de transmettre notre expertise lors de séminaires ou pendant des missions de conseil. Par exemple, nous aurions pu aborder :

– la valorisation de l'expérience des professionnels de l'information ;
– la façon de justifier l'activité documentaire ;
– le poids du centre d'information en fonction de sa position dans l'organigramme de l'entreprise ;
– le choix entre une structure centralisée et une structure décentralisée ;
– l'appréciation de la valeur d'un produit ou d'un service d'information ;
– le calcul du coût de la non-qualité des prestations ;
– etc.

Et, de la même façon, nous avons laissé à votre perspicacité les ruses et astuces à employer pour sélectionner les chiffres qui vous serviront à convaincre.

Eléments
de vocabulaire
documentalo-financier

Le bibliothécaire, le documentaliste ou le spécialiste en information ont leur terminologie ; pour parler avec les *managers* et les financiers, ils doivent apprendre une autre langue.

Nous rappelons ci-dessous quelques définitions de base concernant des termes qui ont été pour la plupart employés dans les divers chapitres du présent ouvrage. Nous vous incitons à parler la langue économique, mais pas la langue de bois !

Actualisation

Valorisation en francs actuels d'un bien acquis à un moment donné. En général, l'actualisation tient compte du taux d'inflation ou d'un indice de référence.

Amortissement économique

Processus d'étalement des dépenses sur toutes les années de vie d'un matériel (capital fixe), compte tenu de l'actualisation. Il correspond plus à la réalité des choses que l'amortissement comptable imposé par l'administration fiscale.

Calcul de l'amortissement :

En cas d'achat d'un équipement destiné à fonctionner plusieurs années, il ne serait pas normal de faire peser la totalité des coûts sur l'année budgétaire de l'acquisition ; cela fausserait complètement les prix de revient d'une année sur l'autre ; on parle alors d'amortissement, c'est-à-dire qu'on répartit, selon la durée de vie moyenne de l'équipement (prévue par l'administration fiscale), sur 3, 5 ou 10 ans le montant de l'achat. N'entrera donc dans le budget annuel du centre de documentation qu'une fraction du montant total. (Nous n'entrerons pas plus dans le détail de ces opérations comptables assurées par les services comptables de l'organisme).

Par exemple : le montant de l'achat d'un micro-ordinateur équipé d'un lecteur de CD-Rom, d'une carte modem et d'une imprimante est de 69 000 F HT. On estime qu'au bout de 3 ans, ce type de matériel est périmé ; au-delà de cette durée, il risque de tomber en panne fréquemment ou on sera tenté d'acheter un matériel plus performant. Sur chacun des trois budgets annuels, on affectera au poste de dépenses « amortissement correspondant à investissement en matériel » un montant de 23 000 F si l'on pratique l'amortissement linéaire.

Comme il existe plusieurs types d'amortissements (linéaire, dégressif), consultez votre comptable pour savoir celui qui est pratiqué chez vous en fonction de la nature de l'activité et de l'équipement.

Bilan

C'est un tableau comptable qui enregistre l'ensemble des actifs et des dettes de l'organisme. La différence entre les deux postes permet de dégager soit un bénéfice soit une perte. Pour les *managers* et les financiers, c'est une **photo financière** de l'entreprise à un moment donné. Généralement les documentalistes utilisent ce terme dans une définition plus vague, comme un compte rendu chiffré d'activité qui pour les comptables s'appelle plutôt un compte d'exploitation enregistrant la gestion. Le résultat du compte d'exploitation agrégé avec les pertes ou les profits exceptionnels redonne d'ailleurs le résultat du bilan. C'est simplement une autre méthode de calcul.

Budget

. Prévision chiffrée de tous les éléments correspondant à une activité déterminée (définition du plan comptable).

. Par extension, revenus et dépenses d'un organisme ou d'un sous-ensemble de cet organisme.

. Acte par lequel sont autorisées les recettes et les dépenses annuelles de l'Etat.

Budgétisation

Inscription au budget (prévisionnel).

Centre de responsabilité, centre de travail, centre de profit

Unité comptable correspondant à une division de l'organigramme (définition du plan comptable). On distingue généralement « centre opérationnel » et « centre de structure ». Selon les organismes, le centre de documentation peut être l'un ou l'autre. Le groupement des charges et des produits peut aussi correspondre à un projet particulier. Cela se traduit par un compte d'exploitation élémentaire.

Charge (de travail)

Temps passé à effectuer une fonction ou une prestation sur une période donnée (exprimé en unité d'œuvre).

Charges

Appellation comptable des **dépenses**. Les **charges directes** sont affectables « immédiatement » au coût d'une activité ou d'un produit déterminé. Les **charges indirectes** nécessitent un calcul intermédiaire pour être imputées (en fonction d'une clé de répartition entre les activités ; voir Répartition). On distingue également les charges liées à la **structure** (généralement « fixes » pendant une période donnée) par opposition aux charges **d'activité** ou **charges opérationnelles** (« variables » en fonction du volume d'activité).

Chiffre d'affaires

Ensemble des recettes générées par la vente d'un produit ou d'une prestation.

Contrôle budgétaire

C'est la comparaison périodique des prévisions budgétaires et des réalisations. Cette mission est parfois confiée à une personne qui n'a pas participé à l'élaboration du budget.

Compte

Tableau dans lequel sont enregistrées les opérations relatives à un même objet.

Coût de possession

Le coût de possession d'un document est supérieur au coût d'achat, car il faut tenir compte des frais d'acquisition, de gestion, de contrôle d'entrée, de magasinage, de stockage...

Coût de revient (ou coût total)

Voir *Prix de revient*.

Coût de revient (ou coût total) moyen

Le coût de revient moyen est égal à la division du prix de revient total du produit par le nombre d'unités (= coût unitaire).

Coût technique

Terme utilisé en *analyse de la valeur* ; il couvre le coût des « fonctions techniques » d'un produit, c'est-à-dire le coût des tâches administratives et des diverses opérations préparatoires ou de fabrication qui, bien que nécessaires, ne sont pas « demandées » par le client du produit.

Cut-off

Prise en compte dans un exercice donné des produits et charges engagés mais non encore enregistrés en trésorerie et des produits et charges déjà enregistrés en trésorerie mais affectables à l'exercice suivant.

Cycle de vie des produits

Chaque activité économique connaît plusieurs phases : émergence, croissance, maturité et déclin. Ces quatres phases définissent le cycle de vie des produits. Un cycle peut s'étaler de quelques mois à quelques années (cas de nombreux produits d'information), voire à plusieurs dizaines d'années.

Dépense engagée

Constatation d'une dépense au moment de l'envoi du bon de commande.

Ecart

Différence entre une grandeur prévue (charge de travail, recettes, dépenses, etc.) et la grandeur réelle (constatée) pour la même période ; cette différence peut être positive, négative ou nulle ; elle peut être exprimée en valeur absolue (en unité de temps, en unité monétaire...) ou en pourcentage. L'objectif d'une bonne gestion est de réduire cet écart et de toujours chercher à l'expliquer.

Emplois

Valeur des biens et des moyens acquis par l'organisme pendant une période donnée.

Exercice

Période conventionnelle choisie pour l'enregistrement comptable en vue d'établir un compte d'exploitation et un bilan (presque toujours12 mois ; il peut correspondre ou non à l'année civile).

Frais généraux

Ensemble des coûts non liés directement au service ou à l'activité. Par exemple : personnel d'encadrement, coûts des services généraux, loyers, téléphone, chauffage...

Gestion budgétaire

Mode de gestion consistant à traduire en programmes chiffrés les objectifs de l'organisme (définition du plan comptable).

Imputer

Affecter les coûts à une activité.

Indice

Valeur relative permettant de suivre l'évolution d'une donnée à partir d'une référence à laquelle on donne la base 100.

Marge

Différence entre un prix de vente et un coût (définition du plan comptable) ; la marge peut être positive, nulle ou négative; elle peut être calculée par rapport aux coûts directs (marge brute) ou aux prix de revient (marge nette). Elle peut être calculée avant ou après impôt (sur les sociétés).

Marge bénéficiaire

Différence positive entre le prix de vente et le prix de revient.

Masse salariale

Ensemble des dépenses afférentes au salaire : salaire brut (versé au salarié) augmenté des primes et cotisations patronales.

Prix

S'applique aux transactions d'une entreprise avec l'extérieur : prix d'achat, prix de vente (définition du plan comptable).

Prix du marché

Prix qui s'établit dans une transaction entre des offreurs et des demandeurs.

Prix de revient

Ensemble des coûts nécessaires pour arriver à un bien ou à une prestation : coûts de personnel, coûts directs, coûts indirects et de structure. Le prix de revient complet d'un produit au stade final inclut les coûts de promotion, de commercialisation, de distribution,de transport, d'après vente...

Productivité

Rapport entre une activité et les moyens mis en œuvre pour la générer.

Produits

Appellation comptable des recettes.

Régularisation

Voir *Cut-off.*

Recettes

Sommes d'argent reçues d'un tiers, provenant de la vente de produits ou de prestations (chiffre d'affaires), de subventions... (appelées aussi ressources).

Rentabilité

Rapport entre une forme de résultat et une activité (ou un moyen mis en œuvre pour la générer).

Répartition

Travail de classement des charges aboutissant à l'inscription dans un compte spécial de tous les éléments qui ne peuvent être affectés directement faute de moyens de mesure (définition du plan comptable). Pour répartir ces charges on détermine globalement à la fin de la période une « clé de répartition ». Celle-ci peut être totalement arbitraire ou fondée sur des relevés statistiques ou des raisonnements appropriés (exemple : répartition des coûts du chef de centre, de la femme de ménage, du fonds documentaire, du loyer.... sur 10 activités ou produits documentaires). Vous pouvez créer un critère en vous basant sur le nombres de personnes employées, la surface au sol... mais attention : évitez de prendre la répartition en fonction du chiffre d'affaires, car la clé ne doit pas varier en fonction d'un poste de recettes pour les comparaisons annuelles.

Ressources

Ensemble des fonds mis à la disposition d'une activité pour une période donnée (généralement l'exercice). Voir *Recettes.*

Retour sur investissement .

C'est le temps nécessaire à la récupération d'un investissement initial (par exemple : temps au bout duquel les recettes générées par la vente d'un CD-Rom compensent les coûts entraînés par sa préparation et sa production). Il s'exprime en années ou fractions d'année.

Rubrique (comptable)

Elément de nomenclature permettant de regrouper les dépenses ou les recettes de même nature. Par exemple la rubrique 64 : charges de personnel.

Section (analytique)

En comptabilité analytique, c'est le mode de classification permettant d'identifier une activité ou un groupe d'activités au sein d'un organisme et de regrouper charges et produits y afférents (exemple : service documentation).

Seuil de rentabilité

Niveau d'activité exprimé en francs permettant d'équilibrer les recettes et les dépenses (ni positif, ni négatif).

Structure de coût

Répartition de la valeur ajoutée par les divers intervenants dans le prix de revient d'un produit.

Taux de couverture

Pourcentage (positif ou négatif) résultant du rapport entre les produits et les charges.

Temps unitaire

Temps nécessaire pour réaliser une activité élémentaire (par exemple, saisie d'une notice, réponse à une question...) ; ce temps est exprimé généralement en heure et fraction décimale d'heure.

Unité d'œuvre

(*attention* : définition variable selon les organismes)

1 - Unité de temps servant de référence pour comptabiliser le temps passé pour chacune des activités accomplies par le personnel (en général l'équivalent d'une demi-journée) cette définition a été retenue pour le présent ouvrage.

2 - Unité prise comme référence significative de l'activité (par exemple, le prêt, la page photocopiée, etc.). Attention : dans cette approche, si l'on n'y prend garde, on mélange vite les choux et les carottes.

TVA

Taxe calculée sur la valeur ajoutée. Attention : dans un centre de documentation, les prestations intellectuelles ne sont pas taxées au même taux que les achats de livres. Les produits audio-visuels subissent le taux des produits de luxe.

Valeur ajoutée

Egale à l'excédent entre la valeur des biens et services produits (par exemple : une banque de données) et la valeur des biens et services consommés pour les produire (par exemple : les documents primaires acquis, l'énergie informatique...). Ce solde représente la valeur nouvelle créée au cours du processus de production (tout le travail des documentalistes !).

Outils comptables

Le Plan comptable général (PCG)

Chaque opération financière concernant l'entreprise est enregistrée chronologiquement dans un document appelé « journal » mais aussi classée dans les comptes **par nature** (ce qui constitue le « grand livre »). Le plan de classement de ces comptes est appelé « Plan comptable général ».

Ce plan comptable, approuvé par arrêté du ministre de l'Economie et des Finances (et par ses homologues dans les autres pays européens), assure la normalisation des opérations et des documents financiers ; son adoption est obligatoire pour toutes les entreprises afin qu'elles remettent des documents harmonisés à l'administration fiscale.

Ce plan comptable est subdivisé en plusieurs classes pour **ventiler par nature** les diverses opérations : par exemple la classe 2 enregistre les immobilisations, la classe 6 enregistre les charges (« dépenses »), la classe 7 enregistre les produits (« recettes »).

La comptabilité générale enregistre les **flux externes** (échanges financiers entre l'entreprise et le milieu extérieur). Il y a toujours deux volets dans une opération : l'emploi que l'on a fait d'une ressource (exemple : achat de livres) et l'origine de cette ressource (exemple : prélèvement par chèque à partir d'un compte bancaire). Les comptables appellent l'emploi un « débit » et la ressource un « crédit ». Dans cet exemple, si vous achetez un livre, le compte 56 « banque » (argent disponible) sera diminué du prix du livre alors que le compte 60 « achats » (acquisition d'ouvrages) sera augmenté d'autant. Pour en savoir plus sur les techniques comptables, voir la bibliographie en fin d'ouvrage.

Afin de faciliter le dialogue avec les services comptables ou financiers de l'entreprise (préparation des budgets par exemple), les documentalistes doivent respecter les différentes rubriques du plan comptable. C'est pourquoi nous indiquons ci-dessous les principales rubriques extraites des classes 6 et 7 qui peuvent leur être utiles (des subdivisions sont pratiquées par les entreprises, consultez votre service spécialisé pour connaître les intitulés détaillés et les contenus utilisés par votre organisme).

NOTA : la profession comptable recommande de tenir une comptabilité en hors taxe.

Classe 6 : comptes de charges (les dépenses)

60 achats

602 impression de documents (destinés à la vente)
603 achats non stockés (téléphone, petit matériel...)
604 travaux extérieurs, sous-traitance
606 fournitures de bureau, énergie

61 services extérieurs
611 sous-traitance générale
612 redevances de crédit-bail
613 locations (mobilières)
615 entretiens et réparations
616 primes d'assurances
618 divers (documentation, séminaires...)

62 autres services extérieurs

621 personnel extérieur à l'entreprise (intérimaire)

622 honoraires (traducteurs, interprètes, auteurs...)

623 publicité, catalogues, expositions

624 transports (biens, personnel)

625 déplacements, missions et réceptions

626 frais postaux et de télécommunications

627 frais bancaires

628 cotisations (à des associations...)

63 impôts, taxes et versements assimilés

631 taxes sur les rémunérations (formation...)

633 taxes transport

64 charges de personnel

641 rémunération du personnel (salaires et primes)

645 charges de sécurité sociale et de prévoyance

66 charges financières

68 dotations aux amortissements et aux provisions

Classe 7 : comptes de produits (les recettes)

70 ventes de produits fabriqués, prestations de service, marchandises

701 ventes sur stock

706 prestations de services, cotisations

708 produits des activités annexes (remboursements de frais...)

73 prestations d'étude

731 contrats

732 expertises

74 subventions

76 produits financiers

La comptabilité dans les administrations

Les procédures budgétaires et comptables au sein de l'administration nationale ou territoriale sont définies par des instructions (publiées par l'Imprimerie nationale) qui exposent les règles et décrivent les mécanismes correspondants.

Nous indiquons ci-dessous, à titre d'exemple, un extrait de l'instruction M 51 concernant **la comptabilité des départements**. Ce cadre comptable n'est guère éloigné dans son esprit du Plan comptable général ; la nomenclature en diffère cependant dans l'intitulé et l'ordre des subdivisions. Voici le premier niveau de subdivision.

La classe 6 « Charges par nature » comporte les sous-classes suivantes :

60 denrées et fournitures consommées
61 frais de personnel
62 impôts et taxes
63 travaux et services extérieurs
64 participations et prestations au bénéfice de tiers
65 allocations de subventions
66 frais de gestion générale et de transport
67 frais financiers
68 dotation aux comptes d'amortissement et de provisions
69 charges exceptionnelles

La classe 7 « Produits par nature » comporte les sous-classes suivantes :

70 produits de l'exploitation
71 produits domaniaux
72 produits financiers
73 remboursements, subventions, participations
74 dotations versées par l'Etat
75 impôts directs
79 produits exceptionnels

La comptabilité analytique

Conception, organisation

On ne peut aborder la comptabilité analytique sans évoquer préalablement la notion de ventilation ou de répartition. Il y a des recettes ou des dépenses qui sont liées (affectées) directement à une activité (par exemple les frais de tirage d'une plaquette publicitaire pour un service questions-réponses), mais il y en a d'autres. Certaines peuvent être communes à plusieurs activités (par exemple, les frais généraux pour une entreprise ou les frais d'adhésion à l'ADBS pour un centre d'information) ; d'autres sont difficilement affectables de façon précise faute de disposer d'un enregistrement détaillé ; par exemple, si on était capable, dans un centre d'information, de dire tous les jours que le photocopieur a été utilisé pour 20 photocopies de brevets, 10 photocopies d'articles en chimie, 15 photocopies de textes réglementaires... on pourrait affecter exactement le coût des photocopies à chaque service (Brevet, Chimie, ...) ; dans la réalité, on ne relève le compteur du photocopieur que chaque mois : comment alors affecter ces chiffres en comptabilité analytique ?

Or tout doit être affecté. Il faut donc établir une règle (appelée « clé de répartition ») pour répartir ce type de dépense ou de recette. Au « bulldozer », mes photocopies concernent 10 activités, donc je divise par 10 ce qui correspond au poste de photocopie ; à « la louche » j'effectue un sondage 1 journée par mois et j'extrapole aux 20 jours du mois selon les proportions trouvées. Ultérieurement, si le volume et si les objectifs le justifient, je mettrai en place « à la cuillère » un système d'enregistrement (cahier à remplir, carte magnétique par activité...) permettant d'affecter avec précision ce type de poste.

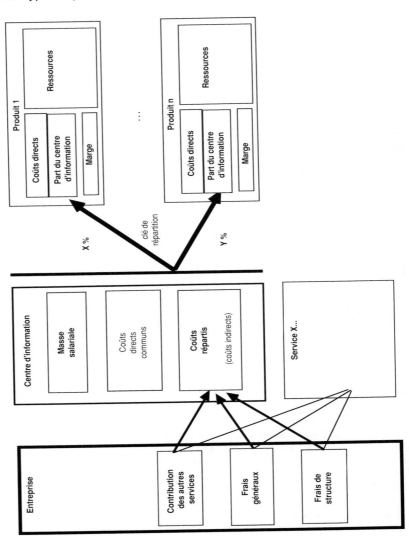

Schéma de principe de la comptabilité analytique

Dans la comptabilité d'un organisme ce problème de répartition peut concerner plusieurs niveaux : une première répartition de frais communs ou généraux va être faite entre les services de l'organisme puis au niveau de chaque service, une nouvelle répartition sera effectuée entre les activités de celui-ci. On dit alors qu'un compte analytique de niveau supérieur se vide dans les comptes analytiques subalternes (voir figure page précédente).

L'organisation de la comptabilité analytique dépend en grande partie de la structure de l'organisme (suivi des recettes et des dépenses par départements et services) et de la politique commerciale (suivi des dépenses et recettes par produit ou activité, ceux-ci étant généralement rattachés à un service). Il revient donc à chaque organisme de concevoir l'organisation de cette comptabilité analytique. De toute façon il n'y a aucune obligation légale, c'est un document à usage interne.

Cette comptabilité résulte, en effet, d'un certain nombre de choix.

Choix de l'objectif : quelles activités doivent faire l'objet d'un suivi du prix de revient ? Par exemple, dans une entreprise, le système est généralement orienté vers les produits ou prestations fabriqués et commercialisés. La « place » d'un centre d'information dans le système de comptabilité analytique d'un organisme peut être envisagée de deux points de vue opposés : ou bien il est considéré comme une activité commune aux activités opérationnelles de l'organisme (son coût sera réparti au même titre que d'autres frais généraux), ou bien il est considéré comme un service opérationnel générateur de recettes (il recevra alors une part des frais généraux à affecter en sus de ses coûts directs). Nous verrons plus loin ce qu'il faut penser de ces deux points de vue.

Choix du niveau de détail d'observation de ce prix de revient. Nous sommes encore à l'ère du « bulldozer » et vous ne connaîtrez alors que les recettes et dépenses globales du centre d'information (section analytique unique, du point de vue de l'organisme). Dans ce cas, c'est à votre niveau que vous pouvez... ou devez vous lancer dans une comptabilité détaillée. Vous aurez alors vous aussi à faire un choix (le « détail » coûte cher et doit être justifié). Quelles activités méritent d'être « observées » : l'activité de reproduction de documents ?... Non, si cela représente une activité marginale et qu'il s'agit plutôt d'une activité commune aux autres ; oui si cela constitue l'une des missions principales de votre centre d'information et une source de recettes directes.

Autre exemple : dans un centre d'information « moyen », on ne détaillera pas l'activité « Prestations questions-réponses » même si, de fait, on fait payer aussi bien les questions posées par les visiteurs que celles posées par téléphone, lettre ou télex. Si une étude détaillée est nécessaire pour comparer les divers modes d'accès, on utilisera d'autres outils tels que l'analyse statistique. Néanmoins, une grande centrale documentaire qui comporterait des équipes spécialisées pour chaque mode d'accès ou par grands domaines de compétences (cas de SVP ou de l'INIST, par exemple) doit créer un niveau supplémentaire d'analyse.

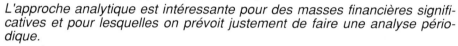 *L'approche analytique est intéressante pour des masses financières significatives et pour lesquelles on prévoit justement de faire une analyse périodique.*

La comptabilité analytique est un jeu de construction qui doit coller aux objectifs et à la spécificité de l'organisme, d'où la nécessité de règles souples (et évolutives parfois). C'est pourquoi il est souhaitable que l'organisation de la comptabilité analytique soit élaborée en concertation avec les divers responsables de services. Que les documentalistes n'hésitent pas à se faire entendre lors de la mise en place d'un tel outil !

Présentation des documents

Chacune des sections analytiques va recevoir chaque mois les diverses recettes et dépenses affectées ; celles-ci vont être d'origines comptables diverses ; grossièrement, les grands postes vont être les suivants :

. **Au niveau des recettes** vont figurer dans cette rubrique les lignes comptables correspondantes. Exemple :

Service documentation	Mois de septembre	Cumul depuis janvier
Recettes :		
70100 ventes de documents	3 450 F	21 540 F
70641 prestations à la demande	1 580 F	11 230 F

Le montant associé à chacune de ces lignes correspond chaque fois à une écriture de comptabilité générale (70100) à laquelle a été associée une section analytique (service documentation).

. **Au niveau des dépenses** un premier groupe de lignes comptables va concerner les **salaires, primes et charges sociales** du personnel travaillant dans l'unité de travail couverte par la section analytique ou affecté au produit. Un deuxième groupe de lignes comptables va concerner les « **coûts directs** », c'est-à-dire les dépenses qui concernent directement le service ou le produit, telles que :

61110 Travaux sous-traités à l'extérieur

61850 Participation à des congrès ou colloques

62510 Frais de déplacement ou de mission

Il existe généralement un troisième groupe de lignes comptables correspondant aux « sections réparties », c'est-à-dire à des charges provenant d'autres départements ou services de l'organisme mais dont l'activité concourt partiellement ou indirectement au service ou au produit. Ces charges qui affectent plusieurs services sont généralement réparties selon un pourcentage prédéterminé en début d'année ou au prorata de la masse salariale (ou d'un autre critère). Par exemple, tel organisme pourra estimer que 16 % des coûts de l'informatique centrale sont affectables à la section analytique « Service de documentation », celui-ci étant gestionnaire d'une banque de données.

Une quote-part des frais généraux de l'organisme (salaires et charges de la Direction et des services administratifs notamment) et une quote-part du coût de la section analytique supérieure y figureront également. Par exemple, la section « Prestations questions-réponses » prendra en charge une quote-part de la section « Service de documentation », puisque des dépenses communes à plusieurs produits ou prestations documentaires ont été engagées au niveau du service.

Dans certains cas, il est possible aussi de trouver un quatrième groupe de lignes comptables, appelé « sections auxiliaires ». Le principe est sensiblement le même que les sections « réparties » mais il s'agit ici de postes de dépenses liées à une activité particulière et non à une structure. Il peut s'agir, par exemple, de frais d'expédition que l'on préfère répartir en pourcentage plutôt que de comptabiliser chaque envoi pour chaque service.

Ce dernier exemple montre le caractère parfois conventionnel de la comptabilité analytique ; il s'agit d'un **outil qui s'ajuste au fil des années** après concertation entre les services et la Direction financière. L'outil doit être optimisé en évitant l'arbitraire des affectations et l'excès de détail. Il faut savoir également que le prix de revient issu de ces états dépend de l'adéquation des clés de répartition ; plusieurs scénarios sont parfois envisageables et plus ou moins favorables à telle ou telle activité.

A la fin, figureront un total des dépenses puis un « **taux de couverture** », c'est-à-dire le rapport entre les recettes et les dépenses. Si celui-ci est inférieur à 1, la section analytique est déficitaire ; s'il est supérieur à 1, elle est bénéficiaire.

L'exploitation des documents

La qualité des résultats fournis par la comptabilité analytique (précision, réalisme) dépend naturellement de la bonne conception du schéma de répartition des lignes comptables mais aussi de la rigueur adoptée dans l'affectation au jour le jour des dépenses et des recettes lors des encaissements ou des règlements et de la clé de répartition.

Pour les coûts directs, cette affectation s'effectue à l'occasion du remplissage du « bon d'imputation » ou du « bon à payer ». Ceci implique que ceux qui engagent les dépenses ou qui sont gestionnaires de la ligne comptable connaissent bien les autres services et les subdivisions analytiques, ce qui n'est pas toujours le cas dans les premiers temps de l'introduction de ce type d'outil.

Chaque mois, le service comptable envoie aux autres services les états correspondants accompagnés éventuellement d'autres états comptables permettant d'effectuer certaines vérifications (par exemple, le relevé des déplacements et missions, avec le nom des personnes et les destinations) ; il revient au service destinataire de **vérifier l'exactitude des écritures** portées sur ces états.

L'indicateur important à suivre est le « taux de couverture », tout en sachant que celui-ci peut subir des fluctuations en cours d'année à cause des mouvements non synchronisés des recettes et des dépenses. Il est important de comparer les résultats d'une année à ceux établis à la même époque de l'année précédente pour suivre l'évolution de cette donnée dans le temps (cf. chapitre sur le tableau de bord).

Si une telle comptabilité est en place depuis plusieurs années, cet état va permettre de connaître l'évolution d'une année sur l'autre (en supposant que les critères de répartition soient demeurés stables).

Cependant, comme nous l'avons dit, il pourra être nécessaire de pousser plus loin l'analyse et, manuellement ou sur micro-ordinateur, d'effectuer un bilan analytique complémentaire pour un sous-ensemble particulier d'activité que l'on veut étudier.

Il sera également possible de calculer les parts respectives des différents postes de coûts, en particulier la part relative de la masse salariale par rapport aux autres types de dépenses .

Considérations sur le « rôle » du service de documentation au sein de l'organisme

Comme nous l'avons expliqué plus haut, la comptabilité analytique est un système de remontée d'information qui est spécifique à chaque organisme. Sa conception résulte d'un choix qui est fait par la direction en concertation avec les responsables financiers et ceux des divers services et départements. En ce qui concerne le service d'information et de documentation, deux approches sont possibles au sein de l'organisme, approches qui se traduiront de façon différente dans la structuration du système de comptabilité analytique et qui ne sont pas « neutres » quant à la gestion et au développement du service.

• Le service de documentation considéré comme « service général » (apport logistique aux services opérationnels)

Vous aurez droit à une section analytique mais vous ferez partie des services généraux qui seront « répartis » sur les services opérationnels ; à vous d'indiquer les pourcentages de répartition du coût de votre service entre les services utilisateurs (par exemple, en s'appuyant sur les statistiques concernant la répartition de vos usagers selon leurs services respectifs). Par contre, les achats de documents effectués pour le compte de tel ou tel service seront affectés directement aux sections analytiques de ces services (comme s'ils avaient acheté eux-même auprès du fournisseur). Chaque service peut donc connaître le coût de la composante « information-documentation » dans son propre coût de revient.

Dans cette approche, il n'y a pas de taux de couverture, puisqu'il n'y pas de recettes directes ou visibles (il y a prise en charge collective des dépenses) ; cette approche n'est pas sans danger en cas de réduction brutale des « frais généraux » (toujours trop importants du point de vue d'une Direction générale...)

• Le service de documentation considéré comme « service opérationnel » (il génère des recettes).

Cette approche est envisageable lorsque le centre d'information dispose en même temps d'une clientèle externe ou lorsqu'est pratiquée au sein de l'organisme une cession ou facturation interne. Dans ce cas un système de chèque interne, par exemple, permet d'inscrire des recettes au fur et à mesure de la consommation des prestations documentaires par les autres services. Ceci implique une gestion plus lourde et donc plus coûteuse (estimation du « prix », établissement de la facture, enregistrement dans le système d'information comptable) mais engendre une attitude plus dynamique du service d'information et de documentation (qui est en position de fournisseur vis-à-vis de ses « clients », voire en situation de concurrence avec des prestataires externes).

Dans cette approche un taux de couverture apparaît puisque l'état comptable permet de comparer dépenses et recettes : à vous de bien calculer le tarif de vos prestations ou d'agir sur la réduction des dépenses pour que ce taux de couverture soit positif !

La comptabilité analytique sert à
* Connaître les coûts des activités et des produits...
➤ pour avoir des bases de décision rationnelles
* Expliquer les résultats...
➤ pour faire des choix
* Etablir des prévisions...
➤ pour définir et valoriser des objectifs
* Calculer des écarts...
➤ pour engager à temps des mesures correctives
au niveau de chaque responsable

Des idées et des coûts

Si vous établissez un devis, voici, pour quelques exemples, les postes de dépenses à ne pas oublier. Les coûts que nous donnons correspondent à des tarifs hors taxes, 1991 ; ils ne sont donnés qu'à titre indicatif pour fournir un ordre de grandeur et permettre d'extrapoler le cas échéant. Dans la mesure du possible nous avons donné des pistes pour aller plus loin.

A

Agenda
Pour mieux gérer votre temps : de 100 à 1 000 F d'investissement ; 100 à 500 F pour les recharges annuelles.

Affiche
Exemples : affichette en A3 sur les panneaux internes de l'organisme, poster pour un salon.
Postes de frais : conception, réalisation (artiste, typographe), photocomposition, impression, transport, droits d'auteurs (photo, dessin...).

Annonce
Tarif variable selon les supports et leur audience.
Postes de frais : conception, réalisation (artiste ou typographe, mise en page, film), réservation d'espace.
Prix : consultez 3617 + TARIFMEDIAS

Autocollant
Postes de frais : conception, réalisation.
Prix : exemple en une couleur : 700 F les 200 exemplaires en format 10 × 5 cm.

C

Cadeau publicitaire
Prix : de 5 F à 150 F unitaire (pour être déductible fiscalement), selon que vous vous contentez d'un simple marquage sur un crayon ou que vous voulez offrir un parapluie.
Pour en savoir plus : annuaire Syprocaf, salon du cadeau d'entreprise (Paris).

Cocktail et pots
Pour célébrer des événements professionnels et faire passer des messages dans une ambiance favorable.
Prix : de 50 à 250 F par personne selon qu'il s'agit d'un apéritif ou d'un buffet (salé/sucré) avec ou sans traiteur. Remarque : généralement les hôtels et les restaurants ne facturent pas de frais pour la location de salles.

Lorsque vous louez des locaux nus faites bien le point des « faux frais » : assurances, gardiens, vestiaires... et parfois pourboires (pour ne pas parler de dessous de table). Pensez aux monuments historiques et aux lieux insolites pour changer d'ambiance.

Coursier
voir *Livraison rapide*

Conférence de presse
• Avant l'événement
– Communiqué
Postes de frais : conception, frappe, mise en page, reproduction/impression dossier de presse (conception, frappe, mise en page, reproduction) ; attachée de presse : de 3 200 à 10 700 F par jour (tarif Syntec) ; fichiers : les adresses nominatives sont plus chères ; faire la différence entre les fichiers loués et ceux achetés ; envois (lettre, télécopie, telex) ; relances (idem et téléphone).
– Manifestation : petit déjeuner, déjeuner, cocktail ; conférenciers (honoraires ou salaires), diapos (4 à 6 F le duplicata), location son, TV, canon à image (2 à 4 000 F la demi-journée) ; petit cadeau ou gadget (de 10 à 100 F) ; signalétique (pour conduire à la salle, pour le nom des intervenants) ; badges (très important pour savoir l'origine de l'interlocuteur) ; dossier (limitez-vous à une dizaine de pages) ; livre d'or.

• Après l'événement : envoi du dossier aux absents ; relance téléphonique pour savoir si des papiers sont prévus ; rédaction de certains papiers ; abonnement à un argus pour dépouillement.

D
Dactylographie
On compte 30 pages par jour pour un travail confié à une dactylographe confirmée (texte simple sans tableau ou mise en page particulière). Deux solutions : embaucher une intérimaire (110 F de l'heure) ou remettre le manuscrit à une société de service (exemple : 5 000 F pour un rapport de 150 pages). Moins cher : les étudiants ou les associations de handicapés, voire les ateliers dans les prisons. Ajouter temps de relecture et de corrections.

Déplacement
Participer à une réunion dans une autre ville de France pour rencontrer un partenaire, faire une démonstration chez un client, etc. nécessite de prendre un moyen de transport, un hébergement (si on n'a pas le temps de faire l'aller-retour dans la journée) et des repas...
– la voiture : 2 à 3 F le km (selon la puissance de la voiture) ;
– le train AR en 1re classe sur 100 km : 172 F ; sur 800 km : 920 F (y ajouter couchette ou supplément TGV ou Express) ;
– l'avion (AR au départ de Paris) Toulouse : 1 400 F, Strasbourg : 1 100 F, Nice : 1 890 F, Nantes : 1 320 F ;
– le taxi (pour rejoindre la gare ou l'aéroport ou le lieu de rendez-vous) : de 50 à 150 F la course selon la distance et le flux de circulation ;
– l'hôtel : la nuit dans un ** : 300 F, dans un *** : 500 F (ajouter + 30 % sur Paris) ;
– le restaurant : éminement variable selon que vous vous contentez d'un sandwich (25 F tout de même) ou que vous descendez chez Maxim's, que

vous prenez ou non une bonne bouteille, que vous invitez ou non de la compagnie ; dans ce dernier cas, compter au moins 150 F par personne pour un repas sans extra ;
– votre temps passé (cf. chapitre correspondant).
Pour en savoir plus : se reporter à certains magazines économiques qui publient des études de coûts comparés dans différentes capitales.

Dépliant

De la feuille simple A4, pliée en deux ou en trois au format moins courant, les coûts peuvent aller du simple au triple ; prévoir conception, réalisation d'un typon, mise en page, impression (en une ou plusieurs couleurs) ; 1 feuille pliée en deux, en une couleur, en 1 000 exemplaires : 2 000 F.

Disquette

5"1/4 de 50 à 150 F la boîte de 10 ; 3"1/2 de 80 à 200 F la boîte de 10. N'oubliez pas qu'il vous faut au moins 2 jeux pour effectuer vos sauvegardes.

E

Enquête par entretien

Compter 5 jours pleins pour mettre au point la grille d'entretien et l'équivalent d'une journée d'ingénieur par entretien réalisé (prise de rendez-vous avec l'interviewé, entretien proprement dit, consignation et rédaction du rapport de synthèse) ; ajouter le coût et le temps passé pour des déplacements dans d'autres villes que la vôtre.

Etiquettes

De 100 à 500 F par 5 000. Choisissez des logiciels qui permettent de paramétrer le format de sortie des étiquettes pour mieux répondre à vos besoins.

I

Indexation

Prévoir temps de sélection et de manipulation de documents, lecture, analyse ou attribution de mots-clés, rédaction ou saisie du bordereau, contrôle des données enregistrées... comptez en moyenne 1 heure par document, y compris la quote-part des temps morts, des réunions de coordination... En sous-traitance, comptez de 150 à 300 F par document (travailleur indépendant ou société de service).

Invitation

Prévoir création, mise en page, impression, enveloppes, timbrage, fichier adresses, relance par téléphone.

L

Livraison rapide

Pour transmettre rapidement un document ou un petit colis (moins de 5 kg) à un correspondant, les solutions dépendent de l'éloignement géographique et du degré d'urgence :
– le destinataire est dans la même ville ou à proximité : vous pouvez envoyer le chauffeur de l'entreprise (temps passé par son salaire et amortissement du véhicule), faire appel à un coursier (65 à 80 F HT selon le poids du colis) ou faire appel aux services postaux ; Allopost Express vous assure une livraison dans les 3 heures (54 F) ;
– le destinataire est à l'autre bout de la région ou de la France : la Poste

vous propose Chronopost (livraison dans les 24 h) de 83 à 132 F ou Colissimo, de 21 à 37 F ; une entreprise privée spécialisée dans la livraison express vous demandera de 70 à 130 F.

Location d'équipement
Micro-ordinateur : de 400 à 800 F par jour ; 1 500 à 3 000 F par mois selon modèle et adjonction de disque dur, lecteur externe... ajouter l'imprimante (même fourchette), la platine pour rétroprojecteur (même fourchette), un scanner (350 F/jour ; 1 500 F/mois) ; à noter que pour les locations de longue durée, le tarif est dégressif ; ajouter + 5 % pour les frais d'assurance.

Logo
Il y a ceux de l'organisation et ceux du produit. Il y a des logos pour tous les prix de 0 à plus de 100 000 F ; pour en savoir plus lisez : *Le logo* par Christian Delorme, Editions d'organisation.

M
Mailing (publipostage)
Vous voulez faire savoir à quelques milliers de clients potentiels que vous venez de lancer une nouvelle prestation ou leur rappeler le tarif d'abonnement de votre bulletin ; il vous faut :
– concevoir la lettre d'annonce ou le dépliant promotionnel ;
– faire la maquette du document ;
– effectuer le tirage des documents, le ou les pliages, l'agrafage ;
– utiliser votre fichier ou acquérir un fichier d'adresses ; sélectionner et trier les adresses souhaitées ; les éditer sur étiquettes autocollantes ;
– payer les frais d'envois (n'oubliez pas les tarifs dégressifs pour les envois en nombre, mais méfiez-vous de la lenteur de distribution) ;
– mettre à jour le fichier à la suite des retours (NPAI : n'habite pas à l'adresse indiquée).

Marketing direct
Technique qui consiste à organiser un processus de « harcèlement » des prospects. Essentiellement du temps passé et des coûts de télécommunication. Pour en savoir plus : semaine du marketing en janvier, livres, séminaires.

Micro-ordinateur
PC ou Macintosh ? Avec les périphériques (lecteur, disque dur, imprimante, carte modem, carte graphique, écran haute définition...), prévoir un coût d'achat de 25 à 50 000 F. Ajouter le coût des logiciels (traitement de texte, tableur, documentaire, etc.) : de 300 F à 15 000 F selon la sophistication. Lecteur de CD-Rom : de 4 000 à 7 000 F.

Minitel
Investissement : 3 000 F pour un terminatel de Télic ; l'imprimante (1 000 à 5 000 F à l'achat ; attention les moins chères n'ont pas de mémoire et font payer plus de temps de connexion).
Location : gratuit pour le premier ou quota en fonction du nombre de lignes ; payant pour les autres ou les modèles évolués (de 20 à 72 F/mois).
Fonctionnement : voir le nom *Télétel* dans cette liste.

N
Numeris
Nom commercial du Réseau numérique à intégration de services ; il offre un

raccordement et une prise universelle pour le téléphone, la bureautique et l'informatique ; le service téléphonique est enrichi de fonctions supplémentaires et cela permet aussi de transmettre des données de type images.

Accès de base : frais d'accès au réseau 675 F HT + abonnement mensuel de 300 F HT + tarif du téléphone pour les communications téléphoniques ou tarif Transcom pour les autres usages (données textes, images).

P

Photocopie

Celles des magasins « Monoprix » sont à 0,50 F, du libraire de quartier à 1,50 F ; celles en « Copy-Service » à 0,30 F, si vous achetez une carte de 1 000 et que vous les faites vous-même ; intégrez le temps passé ; dans votre organisme, le coût de revient unitaire de la photocopie dépend de la quantité effectuée chaque mois et du type de machine ; compter de l'ordre de 1 F. Photocopie couleur : 15 F format A4. Pensez à la photocopie couleur agrandie pour faire de magnifiques posters.

Projecteur

Le dernier cri : faire passer sur un rétroprojecteur les informations contenues dans un micro-ordinateur, mais il faut en faire un usage intensif pour le rentabiliser : 15 500 F.

Publicité

Le choix est large entre un petit encart dans un bulletin à faible tirage et une pleine page en quadrichromie dans *Le Monde* ou *L'Usine nouvelle* ; exemple d'une insertion pleine page, en noir et blanc, dans une revue professionnelle diffusant à 5 000 exemplaires : 4 300 F (7 600 F s'il s'agit de la 4e de couverture) ; prix pour un cliché fourni par l'annonceur et ne comprenant pas les frais de composition (ni les frais de préparation de maquette, le temps passé à la recherche des idées rédactionnelles, etc.). Vérifiez bien l'impact, à comparer avec les frais pour obtenir un texte rédigé sous forme d'un article. Consultez 3617 + TARIFMEDIAS.

R

Répondeur

Utile pour faire patienter les utilisateurs lorsque votre poste est saturé ou lorsque vous vous absentez ; permet de fournir un premier niveau d'information, voire de faire connaître certaines de vos prestations (service télématique). A mettre en place pour les informations répétitives (exemple : indices à l'INSEE) ; il permet aussi de prendre les messages des correspondants. De 500 à 10 000 F en fonction des caractéristiques. Pour en savoir plus : France Télécom fait des brochures.

Routage

Une fois votre document promotionnel réalisé et tiré en *n* exemplaires, il vous reste à l'expédier. Deux solutions :

• Votre personnel plie les feuilles, les met sous enveloppes, colle l'étiquette adresse, affranchit et trie selon les règles des PTT.

• Ou bien vous confiez le travail à un « routeur » en lui remettant le carton de documents et la série d'étiquettes autocollantes pré-classées.

Exemple de l'envoi groupé d'un lot de 1 000 à 5 000 documents (1 feuille par enveloppe) ; le « routeur » vous facturera :

– le pliage du document et la mise sous enveloppe demi-format à raison de 562 F le mille (HT) ;

– le prix des enveloppes ;
– l'affranchissement à raison de 1,09 à 1,24 par document, selon quantité.
Compter un supplément de 20 à 30 F le mille par feuille supplémentaire mise dans l'enveloppe.
Exemple d'une plaquette grand format de plus de 75 grammes :
– mise sous enveloppe : 615 F le mille ;
– enveloppes (simple ou personnalisée) ;
– affranchissement : 1,67 F par document.
Délai entre la remise des documents au routeur et la réception par le destinataire : une dizaine de jours.

S

Salle de réunion

De la petite salle prêtée par le service voisin à la location de la grande salle du Palais des congrès de votre ville, la gamme est large ; vous pouvez louer dans un hôtel ou auprès d'entreprises : voir les répertoires spécialisés ; en région parisienne, compter 30 à 50 F par personne et par jour pour une salle équipée d'un tableau papier, d'un écran et d'un rétroprojecteur.
Exemples de prix : 650 F à 900 F pour une salle de 15 places ; 6 300 F pour une salle de 150 places ; 9 100 F pour une salle de 300 places (13 000 F avec cabine d'interprétation).
Il faut en effet prévoir une majoration pour une salle sonorisée, équipée d'une cabine ou d'installations d'interprétation, de projecteurs de diapositives ou de films ou encore d'un magnétophone (dans ces cas, il y a souvent mobilisation d'un technicien).
Attention à vérifier auparavant l'existence de prises de courant et de lignes téléphoniques en cas de démonstration avec terminal ou micro-ordinateur (voir ci-dessus *Location*).
Des entreprises dotées d'un système de comptabilité ont réussi à lutter contre la « réunionnite », le jour où elles ont mis en place un tarif interne de location de salles.

Stand

Compter de 1 000 à 2 000 F le m² (selon le lieu de l'exposition) pour l'utilisation de la surface (un stand de base fait 9 m²) ; y ajouter le coût des installations (panneaux, cloisons, étagères et présentoirs, mobilier) les coûts de préparation et de réalisation des posters, logo en relief ou lumineux ; les coûts de location du matériel de démonstration et de téléphone ; les coûts de branchement (EDF, eau...), le temps passé par le personnel qui prépare le stand, assure la présence sur le stand et assure le démontage. Prévoyez, « au bulldozer », une dépense d'au moins 50 000 F pour trois jours.

T

Tableau d'affichage

Pour passer tous vos messages (nouveautés, manifestations...) de 300 à 1 000 F (vitrine).

Télécopie

Déjà 350 000 machines installées en 1989. Mais avant de se laisser tenter par les sirènes, faites un cahier des charges de vos besoins : vitesse de transmission, qualité de l'impression, longueur du papier, format A4 ou autre, nombre de copies...
Télécopieur de style « personnel » : achat environ 10 000 F, location autour de 500 F/mois.

Télécopieurs standards : achat de 10 à 35 000 F, location de 500 à 1 500 F. Télécopieurs professionnels (avec une mémoire) : achat de 25 à 40 000 F, plus de 2 000 F/mois en location.

Téléphone « numéro vert »

Un moyen d'inciter le client à vous contacter sans lui faire supporter le coût des communications. Autrement dit : c'est vous qui payez pour lui. Utilisé par 12 000 entreprises. Mais avez-vous envie de payer pour écouter les solitaires, les incompris... Les numéros à 8 chiffres commençant par 05 existent aussi sur les lignes internationales et peuvent présenter un intérêt pour du personnel qui circule beaucoup ; pour la France, prix forfaitaire d'accès au service : 700 F TTC + abonnement mensuel : 500 F TTC + le prix des communications reçues. Attention il ne faut pas oublier de dimensionner la réception des appels. A la suite d'une publicité à la TV, il faut un escadron pour écouler et écouter un pour cent d'Audimat.

Télétel

De 0 à 423 F l'heure de connexion selon le palier utilisé, mais il reste des banques de données sur abonnement préalable : intégrer les coûts du serveur. Pour en savoir plus, taper *Sommaire* sur la page de formulaire du 11 (voir la rubrique tarifs). Pour vous tenir au courant sur 3614 ou 3615 code MGS (Minitel guide des services), tapez *Sommaire* sur la page d'accueil. La direction du programme Télétel suit l'actualité avec des dossiers (assurance, vacances, cadeaux de Noël... mais aussi Chambre de commerce, export...).

Exercices

⊙ **Exercice n° 1**

Dans le cadre d'un organisme d'envergure européenne, vous êtes chargé, avec un assistant documentaliste, d'ouvrir un centre de documentation destiné à une clientèle industrielle. Vous devez établir un compte d'exploitation (budget) prévisionnel pour l'exercice 1991 et l'exercice 1992. Vous disposez des éléments suivants (tous les montants sont hors taxes) :
– début du projet le 1er mars 1991 ; fin du projet (ouverture effective du centre) prévu le 28 février 1993 ;
– montants mensuels des salaires bruts des 2 personnes en charge du projet : *22 000 F* (12 mois) ;
– prime d'intéressement équivalente à 10 % du salaire brut annuel versé ;
– micro-ordinateur de type PC avec disque dur 40 Mo, imprimante laser, logiciel documentaire, logiciel de traitement de texte (équipement préexistant acquis en 1990) ;
– 7 voyages dans diverses villes européennes sont prévus au cours du projet (*5 000 F* chacun en moyenne, y compris hôtel et restaurant) ;
– un certain nombre de documents devront être achetés au début du projet (coûts estimés à *16 000 F*) ;
– une campagne de promotion est prévue fin 1992 : communiqué de presse, réalisation d'un dépliant (*4 000 F* le mille), mailing auprès de 3 000 prospects (*3 F* l'étiquette adresse), location d'un stand pendant 3 jours (*9 000 F*) ;
– compte tenu de la diversité des langues dans lesquelles arriveront les documents et la nécessité de rédiger des analyses dans deux langues étrangères, il est raisonnable de prévoir pour des traductions une enveloppe de *120 000 F* ;
– l'implantation de votre base de données sur un centre serveur, avec la réalisation des études de conception et la réalisation des interfaces, devrait coûter environ *260 000 F.*

Les coûts du projet sont couverts par une subvention extérieure spécifique de *780 000 F* (20 % versés en début de projet, 40 % 10 mois après, 40 % à la fin du projet) ; le solde sera pris en charge par l'organisme (affectation de ressources à partir des fonds propres de l'établissement).

Vous devez présenter les comptes prévisionnels pour les deux exercices annuels (année civile), en tenant compte des rubriques comptables et en expliquant brièvement vos hypothèses de calcul ou de répartition. Les coûts indirects et de structure seront calculés sur la base de 60 % de la masse salariale. Afin de suivre la réalisation de ce budget prévisionnel, vous préparerez une fiche de suivi mensualisé.

⊙ **Exercice n° 2**

On suppose qu'en 1993 la même équipe (décrite lors de l'exercice précédent) est en charge de la phase opérationnelle ; elle a pour tâche la mise à jour de la banque de données, sa commercialisation, la diffusion d'un index papier produit à partir de la banque de données ; elle assure aussi un service de consultation de documents sur place et un service de recherche d'informations à la demande (par courrier, téléphone, etc.)

Les coûts constatés au 31 décembre 1993 sont les suivants :
— masse salariale : *450 000 F* ;
— coûts directs : *208 600 F* (dont informatique locale *18 000 F*, sous-traitance serveur *80 000 F*, mission *10 000 F*, tirage index *60 000 F*, acquisition de documents *8 600 F*, salon *18 000 F*, traduction *14 000 F*) ;
— coûts indirects : *270 200 F.*

Selon les relevés effectués au long de l'année, le temps passé aux principales tâches se décompose ainsi (en équivalent demi-journées) :
— gestion du fonds documentaire : *45*
— production de la base de données : *240*
— commercialisation de l'accès en ligne : *35*
— commercialisation de l'index : *25*
— service de consultation de documents : *100*
— service de recherche d'informations : *320*
— administration/gestion de l'unité de travail : *45*
— activités diverses (colloque, formation personnelle, réunions, etc.) : *60*
— congés et absences : *120*
Total : *990*

Selon une méthode de calcul que vous présenterez, calculez le coût de revient annuel de chaque prestation.

Proposez une hypothèse de tarification, de fréquentation ou de diffusion pour assurer l'autofinancement de l'unité de travail (sachant que les redevances versées par le serveur sont de *200 F* par heure de consultation, qu'il y a en moyenne 2 visiteurs par jour, que le traitement d'une question nécessite une moyenne de 3 heures, et que l'index a été tiré à 1 000 ex.).

☞ **Exercice n° 3**

Dans le cadre de l'aménagement d'une technopole accueillant des entreprises spécialisées sur les nouvelles technologies, il est décidé de mettre en place un centre commun de ressources documentaires (CCRD). Il s'agit d'une unité de travail de 3 personnes : un documentaliste professionnel ayant plusieurs années d'expérience, un aide-documentaliste et une secrétaire ; le centre occupe le rez-de-chaussée d'un bâtiment (surface au sol de 150 m^2).

Vous êtes chargé(e) d'établir les prévisions budgétaires pour la première année pleine de fonctionnement.

Dépenses

Principales données disponibles :
— les salaires moyens dans la région considérée : *12 500 F* brut/mois (sur 12 mois) ; celui de l'aide-documentaliste : *7 500 F* et celui de la secrétaire : *6 400 F* ;
— loyer : le loyer (et les charges générales correspondantes) sera imputé chaque mois par l'organisme gestionnaire de la technopole au prorata de la surface affectée ; les prix pratiqués sur la zone d'activité sont de l'ordre de *49 F*/mois le m^2 ;
— le devis concernant l'achat du mobilier se monte à *145 000 F* ;
— prévoir un photocopieur en location (*900 F*/mois) et l'achat de 2 micro-ordinateurs avec 2 imprimantes, 1 carte modem, 1 lecteur de CD-Rom, 1 support, 1 logiciel de traitement de texte, 1 logiciel documentaire, 1 tableur, 1 logiciel de communication (à estimer) ;
— consommables et articles de bureaux : une estimation « au bulldozer » fait avancer le chiffre de *1 000 F*/mois y compris le papier pour le photocopieur ;

– acquisition de documents. A titre de comparaison, un centre similaire a dépensé l'an dernier : *16 520 F* d'abonnement à des revues ou bulletins, *29 275 F* d'achat de livres, de normes, de rapports et de dictionnaires, *18 655 F* d'achat d'heures de consultation y compris un abonnement à un service bibliographique sur CD-Rom ;
– travaux extérieurs : un devis a été demandé pour connaître le coût d'une enquête auprès des utilisateurs de la zone d'activité en vue de bien adapter les services prévus ; l'une des options présentées par la société de service (questionnaire et quelques entretiens par téléphone) se monte à *14 000 F*. Il est prévu également de faire réaliser une plaquette de présentation du centre, soit *5 800 F* ;
– frais divers : prévoir cotisations à des associations de documentalistes (*800 F*) ; déplacements : 3 voyages dans l'année sur Paris (*800 F* de train AR + *680 F* d'hôtel et restaurant, en moyenne chaque fois) + indemnités kilométriques en région (30 km/mois × *2 F*) ; inscriptions à des journées d'étude et colloques (à estimer sur la base de *1 450 F* par jour) ; faire une estimation pour le téléphone et le courrier ;
– frais généraux et coûts indirects : gardiennage du bâtiment, entretien courant, impôts, etc. peuvent être estimés à *3 800 F* par mois.

Recettes

Il est convenu que les entreprises de la zone d'activité paieront une cotisation annuelle leur donnant droit à un certain nombre de services gratuits : chaque cotisant (entreprise ou département d'entreprise) paiera *11 500 F* par an, en contrepartie des services et prestations suivants :
– service de tenue au courant (bulletin d'information) ;
– bibliothèque de consultation, avec divers outils d'auto-information ;
– service de prêt permanent d'ouvrages ;
– service d'orientation par téléphone (recherche d'adresses essentiellement).

Pour l'année qui vient, il devrait y avoir 40 entreprises cotisantes.

Il est convenu aussi que les recherches documentaires lourdes et les réalisations de dossiers de synthèses à la demande seraient facturées sur devis ; une première approximation est effectuée sur une base annuelle de 100 devis acceptés selon un prix moyen de *1 400 F*.

Il a été prévu enfin que le bulletin d'information serait vendu sur abonnement aux non-cotisants au prix de *1 200 F* par an ; il est raisonnable d'espérer 120 abonnements compte tenu de l'intérêt qu'il devrait représenter pour divers organismes en dehors de la région.

En cas de marge déficitaire, indiquer la part (en pourcentage) que l'organisme gestionnaire de la technopole devra apporter ; en cas de marge bénéficiaire, indiquer l'emploi qui vous paraît le plus utile à faire.

Proposez une sélection d'indicateurs pour constituer le tableau de bord mensuel de ce centre et lui permettre d'affiner les prévisions pour l'année suivante.

Proposez une méthode de calcul pour établir le prix de revient annuel global du bulletin d'information ainsi que le prix de revient unitaire (11 numéros par an). Vous pouvez prendre comme hypothèse que le temps passé respectivement par les trois personnes sur ce bulletin correspond à 20 % de leur temps de présence au centre.

☞ Exercice n° 4

Vous avez une quinzaine d'années d'expérience professionnelle et vous décidez de créer, avec deux autres collègues, un cabinet de consultants en information documentaire ; il vous faut établir un tarif de référence pour établir les propositions que vous aurez à faire à vos futurs clients ; préciser le mode de calcul et les composantes prises en compte permettant d'arriver au « prix de la journée ».

Corrigé des exercices

☞ **Exercice n° 1 - Comptes prévisionnels du projet, par année budgétaire**

ANNÉE 1991

Charges
- Salaires : 22 000 F × 10 mois _____ 220 000 F
  (22 000 F concerne les 2 personnes et
  l'affectation se fait au 1er mars ; d'où 10 mois)
- Primes : 10 % de 220 000 F _____ 22 000 F
  (équivalent d'un 13e mois)
- Charges patronales : + 50 % de (220 000 F + 22 000 F) _____ 121 000 F
- *Sous-total « Masse salariale »* _____ *363 000 F*
- Équipement informatique (dotation aux amortissements)
  En l'absence de chiffres précis, on fait une estimation car le matériel est utilisable plusieurs années et il ne serait pas juste de faire porter sur une seule année la « charge » correspondante. Hypothèse de coût d'achat de l'ensemble matériel, périphériques et logiciel : 75 000 F, avec un amortissement sur 3 ans (autre hypothèse acceptable),
  soit _____ 25 000 F
- Déplacements, missions : hypothèse de 3 voyages × 5 000 F _____ 15 000 F
  Nous avons fait l'hypothèse de répartir les 7 voyages au prorata du temps. Mais sur le terrain, d'autres hypothèses sont acceptables selon que l'on considère la nécessité de voyager beaucoup au début du projet pour le mettre en place, ou au contraire en fin de projet pour promouvoir le lancement opérationnel.
- Achats de documents (seulement la 1re année) _____ 16 000 F
- Travaux extérieurs de traduction : 2/3 de 120 000 F _____ 80 000 F
  Les autres postes sont à reporter sur l'exercice budgétaire suivant puisque les dépenses ne seront pas engagées la première année
- *Sous-total des coûts directs hors MS* _____ *136 000 F*
- Coûts indirects : 60% de 363 000 F _____ 217 800 F
- **Total charges** _____ **716 800 F**

Produits
- Subvention : 10/24 de 780 000 F _____ 325 000 F
  (affectation, par convention, au prorata des mois concernés par le déroulement du projet, indépendamment des conditions et des dates de versement sur le compte en banque)
- Apport de l'organisme _____ 391 800 F
- **Total produits** _____ **716 800 F**

ANNÉE 1992

Charges
- Salaires : 22 000 F × 12 _____ 264 000 F
- Primes 10 % de 264 000 F _____ 26 400 F

- Charges patronales : + 50 % de 290 400 F — 145 200 F
- *Total « Masse salariale »* — *435 600 F*
- Équipement informatique : idem année précédente — 25 000 F
- Déplacements, missions : solde 4 voyages × 5 000 F — 20 000 F
- Promotion :
    Dépliants : 4 000 F/1 000 ex. × 3 — 12 000 F
    Étiquettes : 3 F × 3 000 ex. — 9 000 F
    Location stand — 9 000 F
    (hypothèse : affranchissement inclus dans les coûts indirects)
- Travaux extérieurs de traduction : solde 1/3 de 120 000 F — 40 000 F
- Travaux extérieurs : mise sur serveur — 260 000 F
- Coûts indirects : 60 % de 435 600 F — 261 360 F

Total charges — **1 071 960 F**

Produits
- Subvention 12/24 de 780 000 F — 390 000 F
- Apport de l'organisme — 681 960 F

Total produits — **1 071 960 F**

Remarques :
— On aurait pu augmenter certaines valeurs de cet exercice budgétaire pour tenir compte d'un différentiel d'inflation d'une année sur l'autre.
— Il restera une partie des produits et charges à imputer sur le 3e exercice budgétaire (équivalent de 2 mois) ; ainsi, à partir de ces comptes prévisionnels, il serait facile de calculer le prix de revient global du projet (mais ce n'était pas demandé).
— Il aurait été possible d'envisager une partie des coûts de promotion sur ce 3e exercice ; l'important est d'expliquer les hypothèses ou les choix effectués pour que ce soit clair pour la direction et les services financiers de l'organisme, et qu'il n'y ait pas de « surprise » au moment du bilan.

Suivi mensuel

Il s'agit de construire un tableau du type :

Postes/Mois	Janvier	Février	Mars	Avril...	Décembre	Cumul
Masse salariale	–	–	–	...	–	–
Autres coûts directs	–	–	–	...	–	–
Coûts indirects	–	–	–	...	–	–
Total	–	–	–	...	–	–
Prévision (716 800/10)	–	–	71 680	71 680...	71 680	716 800

Écart :

Ce tableau sera ensuite complété chaque mois.
Remarque : on peut également se contenter de suivre mois par mois les divers postes de coûts directs « détaillés » en calculant les écarts entre les dépenses réalisées (ou engagées, de préférence) avec les prévisions correspondantes (en effet, la masse salariale et les coûts indirects ne vont pas varier mois par mois et on ne peut agir dessus).

☞ **Exercice n°2 - Calcul du prix de revient des produits et prestations**

Calcul du coût total de fonctionnement de l'unité de travail en charge des produits :

Masse salariale —	450 000 F
Autres coûts directs —	208 600 F
Coûts indirects —	270 200 F
Total —	*928 800 F*

Parmi les temps passés, certains sont consacrés à des activités communes à plusieurs produits ou prestations : gestion du fonds, administration, divers, congés ; ils constituent des « coûts indirects » qui vont « charger » les coûts de revient des activités productives. Selon une méthode grossière de calcul, on va considérer que le coût total de l'unité de travail va se répartir sur les seuls temps consacrés aux activités productives, ce qui donne :

production de BD + commercialisation : 240 + 35 _____ 38,2 %
index: 25 _____ 3,5 %
consultation : 100 _____ 13,9 %
recherches d'information : 320 _____ 44,5 %
Total : 720 _____ *100 %*

Le coût de revient (arrondi) est donc de
a) 928 800 F × 38,2 % _____ 354 800 F
b) 928 800 F × 3,5 % _____ 32 500 F
c) 928 800 F × 13,9 % _____ 129 100 F
d) 928 800 F × 44,5 % _____ 413 400 F
Total _____ *928 800 F*

On peut adopter une méthode plus proche de la réalité, en retirant au départ les coûts spécifiques pour les affecter ensuite aux produits correspondants :

Coût total de l'unité de travail moins coûts spécifiques : 928 000 F − (informatique : 18 000 F, serveur 80 000 F, index 60 000F) = 770 800 F

a) 770 800 F × 38,2 % = 294 450 F + coûts spécifiques (18 000 F + 80 000 F) = 392 450 F
b) 770 800 F × 3,5 % = 27 000 F + 60 000 F _____ 87 000 F
c) 770 800 F × 13, 9 % _____ 107 150 F
d) 770 800 F × 44, 5 % _____ 343 000 F

Proposition de tarification visant à l'autofinancement

• Banque de données : nombre d'heures à 200 F pour couvrir les 392 445 F : 392 445/200 = 1965 ; il faut donc viser un objectif d'au moins 2 000 heures pour couvrir le coût de revient.

• Index : le tirage est de 1 000 exemplaires mais tous ne seront pas vendus (dépôt légal, diffusion interne...) ; dans l'hypothèse d'une vente de 870 exemplaires, pour un coût de revient de 87 000 F, il faut proposer un tarif unitaire d'au moins 100 F. Vendre plus de 1 000 exemplaires entraînerait des frais supplémentaires de retirage (non budgétés).

• Consultation de documents : on peut supposer raisonnablement qu'il est possible d'accueillir 4 visiteurs par demi-journée, soit 400 visiteurs par an, pour un coût de revient de 108 000 F environ, soit 270 F par visiteur. Reste à savoir s'il est possible de faire payer les visiteurs.
Autre hypothèse : les visiteurs reviennent en moyenne 4 fois dans l'année (soit 100 clients) ; il leur est proposé un droit d'usage annuel de 1 080 F.
Troisième hypothèse de travail : le service est gratuit (parce qu'il est difficile de faire payer des personnes qui se sont dérangées) et l'on finance la prestation par un bénéfice dégagé sur les autres produits (espérer davantage d'heures de consultation, vendre plus cher l'index, etc.).

• Compte tenu du temps moyen passé par recherche et du nombre total de demi-journées constatés pour cette prestation, le nombre maximal de recherches par an est de 320/3 × 4 = 425 recherches. Pour un coût de revient de 343 000 F, il faut donc vendre chaque recherche au moins 810 F.

Ceci ne constitue qu'une base de travail ; il faut aussi tenir compte des prix du marché, de la nécessité ou non de dégager des marges bénéficiaires en vue d'investissements ultérieurs, des possibilités de formules forfaitaires qui évitent les coûts répétés de facturation, etc. A noter aussi que ces hypothèses s'appuient sur une clientèle « existante » (mobilisée par les actions de promotion entreprises l'année précédente).

☞ **Exercice n° 3 - Regroupement des données pour une année complète**

Dépenses
- Salaires : 12 500 F × 12 _____ 150 000 F
7 500 F × 12 _____ 90 000 F
6 400 F × 12 _____ 76 000 F
Charges patronales + 50 % _____ 158 000 F
Masse salariale _____ *474 000 F*

• Autres coûts directs (en chiffres arrondis):
- loyer : 150 m² × 49 F/mois × 12 _____ 88 200 F
- photocopieur : 900 F × 12 _____ 10 800 F
- fournitures de bureau : 1 000 F × 12 _____ 12 000 F
- acquisitions : 16 520 F + 29 275 F + 18 655 F _____ 64 450 F
(qu'il convient de réactualiser avec un taux d'inflation de 4 % par exemple, soit : 67 000 F)
- dotation aux amortissements :
    - mobilier de bureau : 145 000 F à répartir sur 15 ans, soit _____ 9 600 F
    - informatique : coût global estimé à 90 000 F à répartir sur 3 ans _ 30 000 F
- travaux extérieurs : 14 000 F + 5 800 F _____ 19 800 F
- frais divers : 800 F + (3 × 1 480 F) + (31 × 2 F × 12) _____ 6 000 F
- téléphone et courrier : « au bulldozer », on peut avancer un chiffre annuel de 30 000 F, mais compte tenu de l'envoi de divers documents, de liaisons télématiques, etc. tout autre chiffre entre 20 000 F et 50 000 F serait acceptable.
- colloques : hypothèse de 2 colloques de 2 jours chacun, soit _____ 5 800 F

Sous-total coûts directs (hors MS) _____ *279 200 F*

Coûts indirects : 3 800 × 12 _____ 45 600 F

Total annuel des dépenses _____ **798 800 F**

Recettes
Cotisations 11 500 F × 40 _____ 460 000 F
Vente recherches : 100 × 1 400 F _____ 140 000 F
Vente abonnements 1200 × 120 _____ 144 000 F
Total recettes espérées _____ **744 000 F**
Apport de la technopole _____ 54 800 F (environ 7 %)

Indicateurs pour le tableau de bord mensuel

Il est proposé de retenir les indicateurs suivants :
- statistique des acquisitions (établie à partir des bons de commande) et des interrogations externes,
- suivi des différents postes de coûts directs (par grands postes), pour suivre les éventuels écarts par rapport aux prévisions,
- nombre mensuel de demandes de renseignement, de prêts, de visiteurs - avec ventilation par entreprise cotisante- (pour suivre le volume des prestations offertes dans le cadre du forfait),
- nombre mensuel de recherches documentaires lourdes et nombre annuel de dossiers de synthèse réalisés à la demande,
- nombre d'abonnements au bulletin d'information,
- suivi des recettes (pour suivre les éventuels écarts par rapport aux prévisions),
- relevé des temps consacrés à la réalisation des différents services (en équivalent

de 1/2 journées) afin de calculer plus précisément les coûts de revient et de détecter les temps « non-productifs »,

En ce qui concerne les indicateurs qualitatifs, il a été décidé de mettre un cahier de réclamations à la disposition des visiteurs de la bibliothèque et d'effectuer une enquête auprès des utilisateurs.

Calcul du prix de revient global du bulletin (« au bulldozer »)

Hypothèse de 20 % du temps passé soit 474 000 × 20 % _____ 94 800 F
Part coûts directs :
50 % des fournitures et des frais de photocopie, soit 22 800 F/2 _____ 11 400 F
Et 20 % des autres coûts (279 200 F – 22 800 F) _____ 51 280 F
Coûts indirects : 20 % de 45 600 F _____ 9 120 F
Total _____ **166 600 F**

Calcul du coût unitaire : on sait qu'il est prévu de diffuser le bulletin aux 40 cotisants et à 120 abonnés , soit 160 destinataires; le coût de revient moyen de chaque abonnement est de 166 600 F/160 = 1 041 F, à diviser par 11 numéros, soit 95 F chaque exemplaire.

☞ Exercice n°4 - Tarif de la « journée » d'intervention

Le salaire mensuel brut permet de calculer le salaire versé annuellement et la masse salariale. Il faut aussi y ajouter les frais généraux.

Première hypothèse

Sur la base d'un salaire **mensuel brut**, versé au salarié, de 10 000 F (rappelons que le salaire net qu'il touchera effectivement sera inférieur d'environ 12 % à cause des cotisations sociales).
• Le salaire versé annuellement se calcule en multipliant le salaire mensuel brut par 12 et en y ajoutant les 13e et 14e mois éventuels et primes diverses. soit, dans notre exemple 10 000 × 14 = 140 000 F.
• La masse salariale s'obtient par addition du salaire mensuel brut avec les cotisations payées par l'employeur.
Nota : les cotisations sont variables selon les niveaux de salaires, mais il est courant de multiplier le salaire perçu par le coefficient moyen de 1,5 ; soit, dans notre exemple 140 000 F × 1,5 = 210 000 F.
• Il convient à cette somme d'ajouter les frais généraux. Le contenu de ces frais (personnel de gestion et d'encadrement, locaux, chauffage, téléphone...) est variable selon les entreprises ; certains postes peuvent être comptés à part avec une clé de répartition spécifique ; néanmoins, il est courant d'ajouter 50 % de la masse salariale au titre des frais généraux directement lié au poste de travail ; soit, dans notre exemple 210 000 F × 150 % c'est-à-dire un prix de revient annuel de 315 000 F (pour un poste de travail occupé, rappelons-le, par un agent ayant un salaire mensuel brut de 10 000 F). Pour 220 jours travaillés, le « prix de journée » à facturer à un client serait de 1 430 F.

Seconde hypothèse

Lorsqu'une entreprise facture une prestation intellectuelle à une autre entreprise, elle peut inclure non seulement le prix de revient de l'ingénieur-documentaliste (prix de revient calculé sur la base d'un salaire mensuel de 15 000 F à 20 000 F selon qualification) mais aussi celui des assistants ou de la secrétaire susceptibles à contribuer à la réalisation de la prestation (courrier, dactylographie des rapports...). On inclut alors le prix de revient de « l'environnement », le temps passé à des tâches préparatoires (établissement de devis, adaptation de supports d'exposés...), les temps « morts » entre deux interventions (réunions internes, formation...) d'où des tarifs « à la journée » de l'ordre de 4 500 F à 7 000 F selon les prestations (soit 950 000 à 1 500 000 F par an).

Vous doutez du raisonnement ? Imaginez que vous ayez à recruter quatre ou cinq personnes supplémentaires ; il vous faudra bien les loger (locaux en plus), les assoir et leur donner des meubles (équipements en plus) et s'il s'agit d'une goutte qui fait déborder le vase et que vous devez recruter un adjoint pour gérer toute cette équipe... vous convenez que le prix de revient d'un poste de travail ne peut se réduire... au seul salaire de son titulaire.

ORIENTATION BIBLIOGRAPHIQUE

Ouvrages spécialisés

BOILLOT (J.-J.) *et al.* – Découvrir l'entreprise. – Sirey, 1990. – 297 p. – (Synthèse +).

Comptabilité analytique et coût de revient administratif. – 3e éd. – SCOM, diff. La documentation française, 1981.

GUERNY (J. de), GUIRIEC (J.-Cl.), LAVERGNE (J.). – Principes et mise en place du tableau de bord de gestion. – Masson, 1990. – 296 p. – (Encyclopédie Delmas pour la vie des affaires).

LOCHARD (J.). – Initiation à la comptabilité analytique. – Ed. d'organisation : P. Dubois, 1986. – 48 p. – (Les carnets de l'entreprise).

LOCHARD (J.). – Initiation à la comptabilité générale – Ed. d'organisation : P. Dubois, 1986. – 48 p. – (Les carnets de l'entreprise).

LOCHARD (J.). – Initiation à la gestion. – Ed. d'organisation : P. Dubois, 1986. – 48 p. – (Les carnets de l'entreprise).

MARGERIN (J). – Gestion budgétaire. – Sédifor : Ed. d'organisation, 1990. – 304 p. – (Pédagogie multimédia).

Ouvrages et articles concernant les activités documentaires

BENARDIN (O.). – Le coût de la documentation : principes et méthodes de calcul. – Ed. d'organisation, 1979. – 129 p.

CARBONE (P.). – Statistiques et évaluation dans les bibliothèques universitaires françaises. – *Bulletin des bibliothèques de France,* 1989, t. 34, n° 4, p. 374-381.

CHEVALIER (B.). – Le coût de l'accès aux documents primaires, *in* L'accès aux documents primaires. – ADBS, 1981. – p. 77-85.

CHEVALIER (B.), DORE (D.), SUTTER (E.). – Les professions de l'information : quel poids économique ? – *Documentaliste - Sciences de l'information,* janvier-février 1989, vol. 26, n° 1, p. 27-32.

Le coût de l'information. – *Bulletin des bibliothèques de France,* 1986, t. 31, n° 5, p. 419-521.

DANTON-PETIT (E.). – L'étude des coûts et la tarification des services documentaires à la Société Générale. – Mémoire INTD, 1989. – 62 p.

Economie de l'information, information pour l'économie. – *Brises,* mars 1983, n° 2, p. 1-102.

GAVARI (M.). – Analyse de la valeur en documentation d'entreprise : rapport de stage à Neyrpic. – Toulouse, IUT Carrières de l'information, mai 1985.
(Audit des coûts d'un service de documentation).

GUTH (Chr.). – Evaluation des coûts documentaires dans un service administratif. – Mémoire INTD, 1989. – 60 p.

JARMUL (D.). – La valeur de l'information peut être ardue à calculer – *Courrier des statistiques,* avril 1986, n° 38, p. 66.

MAISSIN (B. de), HERVY-STEBENET (A.). – Contribution à la connaissance du coût réel de l'information en ligne. – *Documentaliste - Sciences de l'information,* janvier-février 1986, vol. 23, n° 1, p. 16-22.

(Paramètres et exemples concrets de calcul de prix de revient d'une interrogation).

MICHEL (J.), SUTTER (E.). – Valeur et compétitivité de l'information documentaire : l'analyse de la valeur en documentation. – ADBS, 1988. – 136 p.

SUTTER (E.), DAVID (A.) *et al.* – Conception, organisation et gestion d'un centre d'information. – ACCT : PUF, 1988. – 298 p. – (Techniques vivantes : information et développement, niveau responsable ; 1).

VASSILION-MASSET (N.). – Les statistiques issues d'un système intégré de gestion de bibliothèque : outils d'évaluation et indicateurs de gestion. – Mémoire INTD, 1989, – 77 p.

Index alphabétique

Nota : les chiffres renvoient aux pages introductives (introd.), au(x) cha-
pitre(s) le(s) plus pertinent(s) ou à l'annexe (ann.) en fin d'ouvrage.

Abonnement, 6
Acquisition, 1, 3, 4
Adhésion, 1, 2
Administration (exemple), 3, ann.
Amortissement, ann.
Analyse fonctionnelle, 4
Argumentaire, 10
Bilan, 3
Bibliothèque (exemple), 9
Bibliothèque universitaire (exemple), 7
Budget, 3
Budget prévisionnel, 1
Bulletin bibliographique (exemple), 5
CDI (exemple), 3
CD-Rom (exemple), 4
Charges, 3
Chiffres, introd.
Collecte des données, 1, 2, 7
Collectivité territoriale (exemple), 3
Collectivité territoriale (plan comptable), ann.
Colloque, 1
Commande de documents, 4
Commercialisation, 1, 4, 6
Comparer et choisir, 5
Comptabilité analytique, 4, ann.
Comptabilité générale, ann.
Compte d'exploitation, 3
Conception de nouveaux produits, 4
Conservation des documents, 1
Consommables, 1
Contrats et conventions, 2, 3
Cotisations sociales et patronales, 1
Coût, 1, 4
Coût caché, 4
Coût de possession, 4
Coût de revient, 4
Coût direct, 4
Coût indirect, 4
Coût unitaire, 4
Diagnostic, 3
Déménagement, 1
Dépenses, 1, 3
Déplacement, 1, 3
Devis, 6
Diffusion des périodiques (exemple), 5
Diffusion sélective de l'information (exemple), 5

Dossier à conserver, 9
Echange de documents (exemple), 1, 2
Edition (exemple), 4
Eléments à recueillir, 1, 2
Entretien des équipements, 1, 3
Equipement, 1
Etat récapitulatif, 11
Etude économique, 8
Evaluation d'un projet, 4
Evaluation du temps passé, 4
Exercice budgétaire, 3
Facturation interne, 3, 6, ann.
Forfait, 6
Fournitures, 1, 3
Frais de commercialisation, 1, 5
Frais de personnel, 1
Frais en tout genre, 1
Frais généraux, 1
Gestion, introd.
Grapheur, 8
Graphiques, 8
Imputation des frais, 3, 4
Indicateur chiffré, 7
Interrogation de banques de données (exemple), 4
Investissement, 3
Locaux, 1
Logiciel, 9
Logistique, 4
Management, 10
Marge, 4, 6
Masse salariale, 1, 4
Mensualisation du budget, 3
Méthode de calcul, 4
Métrage linéaire, 1
Nomenclature des opérations, 4
Personnel, 1
Perte d'exploitation, 3
Photocopie (exemple), 4
Point mort, 6
Précision des chiffres, introd.
Présentation des résultats, 8
Prêt de documents, 4
Prévision budgétaire, 3
Prix, 6
Prix de journée, ann.
Prix de revient, 4
Prix marginal, 6
Prix psychologique, 6
Prix réel, 6
Produits, 3
Profit, 3
Promotion, 1

Poste de travail, 7
Rapport d'activité, 8
Recherche d'information (exemple), 5
Redevances, 2
Recettes, 2, 3
Répartition des coûts, 1, 4
Réseau documentaire (exemple), 5
Ressources, 2, 3
Salaire, 1
Service télématique (exemple), 4
Suivi mensuel, 3
Surface des locaux, 1
Sous-traitance, 1, 3, 5
Statistiques, 7, 8
Structure de coûts, 4
Subventions, 2, 3
Tableau de bord, 7
Tableur, 9
Tarif, 6
Temps facturable, 4
Temps passé, 7
Troc de documents, 1
Unités de mesure, introd.
Valeur, 4
Valeur ajoutée, 1, 6
Vente de produits et prestations, 2, 6

IMP. COMPÉDIT-BEAUREGARD S.A. / 61600 LA FERTÉ-MACÉ

Dépôt légal : 2e trimestre 1991
N° d'Imprimeur : 826